تشكُّل الهوية
في قطر

دار جامعة حمد بن خليفة للنشر
صندوق بريد 5825
الدوحة، دولة قطر

www.hbkupress.com

جميع الحقوق محفوظة.

لا يجوز استخدام أو إعادة طباعة أي جزء من هذا الكتاب بأي طريقة دون الحصول على الموافقة الخطية من الناشر باستثناء حالة الاقتباسات المختصرة التي تتجسد في الدراسات النقدية أو المراجعات.

الطبعة العربية الأولى عام 2022

الترقيم الدولي: 9789927161230

تمت الطباعة في الدوحة-قطر.

مكتبة قطر الوطنية بيانات الفهرسة – أثناء – النشر (فان)

الزعارير، محمد عبد الله، 1965- مؤلف.

تشكل الهوية في قطر : المؤثرات والعوامل : دراسة تاريخية خلال الفترة 1868-1913 / الدكتور محمد عبد الله الزعارير، قسم العلوم الإنسانية، كلية الآداب والعلوم، جامعة قطر ؛ ميسر مروان سليمان، مركز وبرنامج دراسات الخليج، جامعة قطر. – الطبعة العربية الأولى. - الدوحة، دولة قطر : دار جامعة حمد بن خليفة للنشر، 2022.

صفحة ؛ سم

تدمك 978-992-716-123-0

يتضمن مراجع ببليوجرافية (صفحات 82-86).

1. الهوية الوطنية القطرية. 2. قطر -- تاريخ. أ. سليمان، ميسر مروان. ب. العنوان.

DS247.Q37 Z33 2022

953.63– dc23

2022 28482803

تشكُّل الهوية في قطر

(المؤثرات والعوامل)

(دراسة تاريخية خلال الفترة 1868-1913)

الدكتور محمد عبد الله الزعارير
قسم العلوم الإنسانية - كلية الآداب والعلوم - جامعة قطر

ميسّر مروان سليمان
مركز وبرنامج دراسات الخليج - جامعة قطر

دار جامعة حمد بن خليفة للنشر
HAMAD BIN KHALIFA UNIVERSITY PRESS

إهداء
إلى الشباب
قلب الأمة النابض بالحياة والقادر على قيادتها وبنائها وتشييد حضارتها بالوعي والعلم والمعرفة
نهدي هذا الكتاب.

المحتويات

مقدمة 7

مشكلة الدراسة 10

أهمية الدراسة 13

أولًا: الإطار النظري للهوية 14
1. الدراسات السابقة 14
2. التعريف بمصطلح الهوية 17
3. عناصر الهوية 19
4. مستويات الهوية 21

ثانيًا: تشكُّل الهوية العربية والإسلامية 22
1. العامل الجغرافي (الموقع والتسمية) 22
   هوية المكان ضمن الامتداد الجغرافي (كيف تشكلت عبر العصور؟) 23
2. أهمية التاريخ ودوره في تشكل الهوية 29

ثالثًا: الهوية السياسية (النظام السياسي ودوره في تعزيز الهوية والمحافظة عليها) 33
1. المؤثرات التاريخية قبل تأسيس الإمارة 33
2. دور المنطقة وأهميتها في نشر الإسلام 39
3. النظام السياسي (بدايات تشكل الإمارة السياسية) ... 40

5

4. مظاهر تشكل الهوية لدى النظام السياسي: ترسيخ الهوية العربية والإسلامية (الإمامة في الصلاة إلى جانب الزعامة القبلية والسياسية) 44

أ- الموقف من القوى الخارجية (معاهدة السلم البحري وظهور الإمارة عام 1868) 47

ب- السكان في قطر في العصور القديمة 53

ج- الهجرات السكانية 54

رابعًا: التكوين السكاني في قطر 62

المكون الأول: القبيلة 62

المكون الثاني: اللغة العربية 64

خامسًا: تعزيز الهوية العربية والإسلامية 65

1. التعليم ودور المساجد والكتاتيب 65
2. القضاء 69
3. الثقافة 70
4. العادات والتقاليد 73
5. الهوية العمرانية 76

النتائج 78

المصادر والمراجع 81

أولًا: المصادر 81

ثانيًا: المراجع 82

ثالثًا: المواقع الإلكترونية 85

مقدمة

أصبحت الهوية من القضايا المحورية الكبرى في الخطابات المعاصرة، كما أضحت محل اهتمام الرأي العام والخاص. ويُخلّف وعي الفرد بالهوية الوطنية والالتزام بها آثارًا مهمة، تؤدي إلى بناء قوي للوطن، من خلال تعزيز التماسك الاجتماعي، وتحقيق النهضة في العلم والمعرفة، وتأسيس بنية قوية في الاقتصاد، واستغلال العقول المبدعة، وإحداث تطوير دائم يُعلي من هيبة الوطن والمواطن، وذلك إذا اعتز الكل بهويته، وأحسن فهمها، وأجاد لغة التعبير عنها، في ظل عالم تتنامى فيه الهوية الوطنية للدول الحديثة من خلال الاهتمام بتعزيزها لدى أبنائها بوصفها إحدى الوسائل لبناء إنسان يعتز بوطنه ويعتز بالإنجازات التي تحققت عبر تاريخه. يحصل ذلك في عالم سريع التغيُّر، تنتقل فيه المعلومات وتتلاقح فيه المعارف وتُستنسخ عبر وسائل بالغة السرعة وفي فضاء واسع جدًا يمكن للإنسان فيه الحصول على المعلومات في ثوانٍ ودقائق معدودات، ما أدى إلى زيادة واسعة في كمية الدراسات المتنوعة المتاحة في الفضاء الإلكتروني.

ونظرًا لأن الهوية غدت مطلبًا وطنيًا وأضحت محل اهتمام الدول والأفراد، جاءت هذه الدراسة منسجمة مع التطورات التاريخية التي شهدتها قطر منذ ظهور الإمارة الحديثة فيها في النصف الثاني من القرن التاسع عشر على مدى 152 عامًا هي عمر الإمارة القوية. فإبان الفترة من 1868 حتى 2020 شهدت قطر تطورات مهمة أسهمت بشكل كبير في تبلور شخصيتها العربية والإسلامية بوصفها دولة حديثة وازَنَت بين الأصالة والمعاصرة، والانفتاح على العالم مع المحافظة على القيم الأصيلة التي ترسخت على أيدي رجال قادوا حركة البناء

على ركائز متينة تقوم على التمسك بالهوية العربية والإسلامية التي ظهرت في مواقف مؤسسي الإمارة منذ البدايات. وقد لفتت قطر أنظار العالم بالتطور في شتى المجالات، وهو تطور ما كان يمكن أن يكون وفق الضوابط الحالية لولا الأسس التي وضعها الأجداد، وتمسك بها الآباء، وحافظ عليها الأبناء. هذه الركائز وتلك الأسس التي تناقلتها الأجيال الثلاثة صنعت إنجازات صارت مصدر فخر واعتزاز لأبناء البلاد، ومبعث عز وافتخار لكل عربي مسلم يتطلع إلى تجارب عربية إسلامية ناجحة في التطور والتقدم والازدهار.

أعمل المؤلف المنهج الاستنباطي والمنهج الاستقرائي في الوصول إلى النتائج؛ إذ اعتمدَ تجربته في تدريس هذه الموضوعات للوصول إلى المبادئ العامة، كما استعان بالمنهج التاريخي في عملية الاستنتاج والاستنباط، خاصة وأن طبيعة موضوع الدراسة تقوم على استنباط المعلومات التي تكشف عن عناصر الهوية في الإطار التاريخي وإطار ظهور التكوين السياسي الحديث وعلاقتهما معًا، وما يخدم هذه العلاقة من مؤكدات ومقويات أخرى للترابط مع الإطار التاريخي والسياسي بما يسهم في تعزيز الهوية ويساعد على استخلاص النتائج الملائمة من هذه الدراسة.

ويمكن القول إن هذه الدراسة محاولة منفتحة على التاريخ لإعادة قراءته بغية التجديد والتطوير والمضي نحو المستقبل؛ ليصل إلينا في أبسط صورة وأعمق فكرة. ومن ثم يمكن تلخيص سؤال الدراسة وأسئلتها الفرعية فيما يأتي:

سؤال الدراسة: ما العوامل الرئيسة؛ الثابتة منها والمتحركة التي أدت إلى تشكُّل الهوية في قطر قبل وخلال فترة ظهور الإمارة 1868–1913؟

الأسئلة الفرعية:

- ما أثر الموقع الجغرافي والتكوين السكاني في قطر في تشكُّل الهوية؟
- كيف ساهم ظهور الإمارة السياسة في قطر في تعزيز الهوية؟

ولعل من المناسب هنا في ختام هذه المقدمة الإشارة الى دور طالبة الدكتوراه في مركز وبرنامج دراسات الخليج؛ ميسر مروان سليمان، وهو الدور الذي تركز في مراجعة الدراسة وإضافة بعض الأفكار والمراجع وإعادة ترتيب بعض العناصر في الصفحات الأولى من الدراسة. واعترافًا بجهدها وتشجيعًا لها على مواصلة البحث والنشر فقد وُضع اسمها على غلاف الكتاب.

هذا، والحمد لله رب العالمين عدد خلقه ورضاء نفسه وزنة عرشه ومداد كلماته، والصلاة والسلام على سيدنا محمد النبي الأمين.

د. محمد عبد الله الزعارير
الدوحة 12 من شعبان 1443

مشكلة الدراسة

تتركز مشكلة الدراسة حول موضوع تشكل الهوية، وهي نتاج خبرة المؤلف في تدريس مقرر تاريخ قطر كمتطلب عام لجميع الطلبة في كافة التخصصات منذ التحاقه بجامعة قطر في فصل الخريف من العام 2015، ومن خلال عمله منسقًا للمقرر (منذ خريف 2016 وحتى تاريخ إعداد هذه الدراسة في خريف 2020) فقد كان من ضمن مهامه التنسيق والمتابعة مع الجهات ذات العلاقة بالجامعة للعمل على تطوير المقرر بدءًا من القسم الأكاديمي ثم أساتذة المقرر ثم برنامج المتطلبات العامة في الجامعة الذي يتولى الإشراف على قياس مخرجات التعلم للمقررات التي يتم تدريسها ومنها مقرر تاريخ قطر، وفي الفصل الدراسي خريف 2019 أُعدت أداة موحدة لقياس مخرج التعلم للمقرر المتعلق بالهوية، ووُزّعت على أساتذة المقرر الذين طبّقوها على طلبتهم في القاعات الصفية. أظهرت النتائج عدم وضوح مفهوم الهوية لدى الطلبة كما أظهرت عدم الوعي لديهم بالعوامل التي أسهمت في تشكلها، ولم تكن النتائج مفاجئة بالنسبة للمؤلف، فقد لاحظ من خلال الأسئلة التي كان يطرحها على الطلبة من مختلف التخصصات في القاعة الصفية خلال المحاضرات أنه لم تكن لديهم معلومات حول أهمية الموقع والمكان وعلاقتهما بالهوية، إضافة إلى تشكل الهوية العربية في قطر، وكان الطلبة إذا طرحت عليهم أسئلة عن بدايات تشكل الهوية الإسلامية لم يكن يُوجد لديهم من المعلومات ما يؤهلهم للربط والاستنتاج أو صياغة عبارات تدل على معرفة وإحاطة بالإجابة على سؤال كهذا، وعندما كانت تتزاحم هذه الأسئلة

الملقاة على عاتقهم للإجابة عنها كانوا ينتظرون بشغف التعرف على تفاصيلها، وقد كان الطلبة يبدون اهتمامًا كبيرًا بهذه المعلومات إذا قُدّم لهم شرح واضح عن العلاقة بين الجغرافيا والدين والإنسان واللغة والعادات والتقاليد والتراث والعلاقات الاقتصادية والتجارية ودورها وتأثيراتها في تشكُّل الهوية، لذلك كله ومن واقع التجربة في التدريس والعمل بالجامعة، أصبح هذا الموضوع جديرًا بالاهتمام والدراسة والبحث لعله يسهم في نشر الوعي بالهوية وعوامل تشكلها بين الشباب ومنهم طلبة الجامعة، ولعله يقدم بُعدًا جديدًا يثري أدبيات البحث العلمي في هذا المجال بالتركيز على الجانب التاريخي لارتباطه بالموضوعات التي لم تُدرّس في المقرر، وحتى تتحقق الفائدة من الدراسة، فإنه من الممكن إتاحتها لطلبة الجامعة لزيادة معرفتهم بنشأة الهوية وتطورها مما يؤدي إلى تعزيز انتمائهم والإسهام في بناء بلادهم وتطويرها.

كما مثلت الرغبة الملحة لدى الباحث دافعًا قويًا لدراسة الهوية والعناصر الفاعلة في تشكلها نظرًا لاهتمامه بالتاريخ الحديث للمنطقة وبلدانها وشغفه بتوظيف هذا التاريخ في فهم تشكل الهوية، وكان لقلة الدراسات التي تناولت العوامل الأساسية والمحورية في تشكل الهوية وكيفية الاستفادة من التاريخ والجغرافيا والتراث في فهم تشكلها مُحَفّزا لدراسة الموضوع، خاصة وأن موضوع الهوية طرُح بأشكال وصور عديدة ركزت في معظمها على الهوية المعاصرة من حيث كونها هوية وطنية فحسب، دون التركيز بالدراسة والتحليل على دور التاريخ والجغرافيا والحكم في تشكُّل الهوية. وبناء على ذلك، تمثل هذه الدراسة محاولة للتركيز على العوامل الأكثر تأثيرًا في تشكُّل الهوية والحفاظ عليها، وإبراز الدور التاريخي لمرحلة التأسيس في تعزيز الشخصية والاستقلالية والسيادة حتى أصبح هذا أحد أبرز ملامح الهوية في قطر، وقد تفتح مثل هذه الدراسة الباب لمزيد من الدراسات التي تتناول

تطور الهوية في ظل المتغيرات والتطورات الداخلية والخارجية عبر مراحل تاريخ هذه البلاد، ذلك أن الأبحاث في تاريخ قطر تركزت في معظمها على الأحداث السياسية وكان اختيار هذا العنوان مرتبطًا بالحاجة إلى نشر الوعي بين الشباب بمفهوم الهوية وبدايات ظهورها والعوامل الرئيسة المؤثرة فيها. وقد يتحقق ذلك من خلال الإجابة عن تساؤلات محورية مهمة منها؛ ما المقصود بالهوية؟ وما أهم مظاهرها وأشكالها؟ وما علاقة التاريخ والجغرافيا والسكان والنظام السياسي بتشكلها، وأي هذه العناصر أكثر قدرة على التأثير في الهوية، وما الآثار التي خلفتها في مجال الهوية؟

أهمية الدراسة

تكمن الأهمية في التعرف على عوامل تشكل الهوية وفهم العلاقة بينها والاستفادة منها في تعميق فهم الهوية بين الشباب بتتبع تاريخي للبدايات ومراحل التشكُّل، والتركيز على المواقف السياسية في فترة تأسيس الإمارة، وأهمية ذلك في تشكل الهوية وترسيخ عناصرها وتعزيزها لتكون محفزًا لتحقيق الإنجازات في إطار المحافظة على هذه الهوية وسط التقدم الهائل الذي يشهده العالم في تبادل المعلومات؛ والإسهام في توثيق الذاكرة التاريخية في ظل التغيرات التي يشهدها العالم اليوم من التحول إلى الرقمنة؛ ونشر المعلومات التاريخية بقراءة جديدة على نطاق واسع لتحقيق الوعي المنشود، من خلال تعزيز قيم الولاء والانتماء للوطن والأمة في نفوس الشباب بما يخدم مسيرة التطور والازدهار التي تشهدها البلاد ومن ثم القدرة على مواجهة التحديات.

ثمة ضرورة للوقوف على أهمية التاريخ ودوره في تتبع العوامل الرئيسة المؤثرة في تشكُّل الهوية. كما تظهر أهمية الدراسة بالنظر لمشكلتها المتعلقة بالتجربة الميدانية للمؤلف من خلال تدريس مقرر تاريخ قطر كمتطلب عام لطلبة الجامعة، والحاجة لقياس مخرج التعلم الخاص بالهوية، حيث وقف على مواطن الضعف لدى الطلبة في فهم مصطلح الهوية وكيفية تشكل الهوية وعدم القدرة على الربط بين المكان والإنسان وتأسيس الإمارة وعلاقة ذلك بالتاريخ وكيف أسهم هذا كله في تشكُّل الهوية.

أولًا: الإطار النظري للهوية

1. الدراسات السابقة

شكلت قلة الدراسات حول العوامل الرئيسة التي كان لها دور أساسي ومحوري في تشكل الهوية إلى جانب الاستفادة من التاريخ والجغرافيا والتراث في فهم تشكلها مُحَفّزًا قويًا لدراسة الموضوع، لاسيما أن موضوع الهوية طرُح بأشكال وصور عديدة، ركزت في معظمها على الهوية المعاصرة كهوية وطنية دون التركيز بالدراسة والتحليل على دور التاريخ والجغرافيا والحكم في تشكُّل الهوية، وبناء على ذلك، سنشير هنا إلى بعض الأمثلة على الدراسات التي تمت الاستفادة منها في إعداد هذا البحث. وهناك العديد من الدراسات التي تناولت موضوع الهوية العامة للأمة أو الهوية الخاصة لمجتمع ما داخل إطار الأمة.

لقد أولت جامعة قطر اهتمامًا كبيرًا بموضوع الهوية الوطنية حيث نظمت مؤتمرًا في العام 2019 خُصص لمناقشة محددات الهوية الوطنية ودور التعليم في تعزيزها، وتوصل الباحثون من خلال الاستطلاع الذي أُجري على 1226 مواطنًا ومواطنة من قطر إلى وجود عشرة عناصر مكونة لمؤشر الهوية الوطنية وهي: الإسلام، السلام الوطني، العرضة، اللغة العربية، اللهجة القطرية، الثوب والغترة والعقال، القبائل، الأدعم، الأغاني الوطنية، المساجد، ولم يكن للتاريخ والجغرافيا أي ذكر في هذه العناصر، مما يجعل هذه الدراسة -إذا عُمِّمت على الطلبة والشباب- تسهم في نشر الوعي بأهمية التاريخ والجغرافيا والنظام السياسي في تشكل الهوية للفرد والمجتمع، لكونها ترسّخ

الأساس الذي يمكن أن تبنى عليه دراسات معمقة حول العناصر المهمة (صحيفة العرب 2019)، كما أن هناك العديد من الدراسات التي ركزت على مفهوم الهوية وعناصرها ومستوياتها وخصائصها، منها:

- دراسة من إعداد الطالبة قرفي فضيلة، وهي رسالة ماجستير غير منشورة بعنوان: «الهوية عند تشارلز تايلور»، مقدمة في تخصص الفلسفة الاجتماعية في كلية العلوم الإنسانية والاجتماعية جامعة 08 ماي 1945 في الجمهورية الجزائرية. عنيت هذه الدراسة بتوضيح بدايات ظهور مفهوم الهوية وتتبعت تطور هذا المفهوم منذ العصر اليوناني حتى الوقت الحاضر، كما ركزت الدراسة على تشكلات الهوية عند تيلور من حيث جوهر الذات، والحياة العادية، وصوت الطبيعة، ثم انتقلت الباحثة إلى شرح تجليات الهوية في فلسفة تشارلز تايلور فتناولت علاقة الهوية بالأخلاق، والثقافة، والعلمانية الهوية بين المفهوم والنشأة. كانت الاستفادة من هذه الدراسة في التعريف بمفهوم الهوية وبدايات ظهوره وتطوره. (قرفي، 2016)

- دراسة من إعداد رحيم كاظم، بعنوان: «العولمة والمواطنة والهوية»، منشورة في مجلة القادسية في الآداب والعلوم التربوية، عام 2009. وهي دراسة حالة العراق، إذ انصب التركيز في الدراسة على توضيح العلاقة بين المواطنة والهوية ودور الفرد في المشاركة الفاعلة في البناء الاجتماعي للمجتمعات الإنسانية، كما بينت الدراسة أن «هوية أي أمة هي صفاتها التي تميزها من باقي الأمم لتعبر عن شخصيتها الحضارية، والهوية دائمًا جماع ثلاثة عناصر: العقيدة التي توفر رؤية للوجود واللسان الذي يجري التعبير به والتراث الثقافي

الطويل المدى... واللغة هي التي تأتي بعد الدين بوصفها عاملًا مميزًا لشعب ثقافة ما عن شعب ثقافة أخرى، ثم يأتي التاريخ وعناصر الثقافة المختلفة في صنع الهوية» (رحيم كاظم، 2009).

- دراسة موسعة من إعداد إبراهيم الديب بعنوان «بناء مفهوم الهوية وأدوارها الوظيفية في صناعة هوية الدولة الحديثة». اشتملت الدراسة على تعريف الهوية على أنها تعايش واتفاق مجموعة من البشر على مجموعة من المعتقدات والأفكار والمفاهيم والعادات والتقاليد التي تحكم وتنظم نمط حياتهم اليومي، فتميزهم عن بقية من حولهم، ثم تطرقت الدراسة إلى طبيعة العلاقة بين المجالات المختلفة للهوية ومحدداتها، ثم التوسع في تناول عناصر الهوية ومكوناتها حيث جُعلت في قسمين قسم أُطلق عليه النواة الصلبة وقسم آخر أُطلق عليه المكونات التكميلية المرنة، وصُنّفت ضمن عناصر الهوية المتمثلة بالنواة الصلبة المعتقدات الدينية والتراث الشامل، أما المكونات التكميلية المرنة للهوية فشَمِلت الأعراف والتقاليد والجغرافيا والسياسة والتاريخ والاقتصاد والإنجازات الحضارية والنظام السياسي للدولة... إلخ، واستُفيد من هذه الدراسة في الرسومات التوضيحية لمصادر تشكّل الهوية وفهم التداخلات الخاصة بعناصر الهوية ومستوياتها (الديب، د.ت).

- دراسة في كتاب للباحثة موزة الجابر وعنوانه: «الحياة الاجتماعية والاقتصادية في قطر من عام 1900 إلى 1930»، وهو في الأصل رسالة ماجستير في التاريخ مقدمة في جامعة القاهرة، وتتضمن الدراسة تتبعًا تاريخيًا للحياة الاجتماعية والاقتصادية خلال الفترة من 1900 وحتى 1930، وقد اعتمدت الدراسة على هذا الكتاب

بشكل رئيس في جانب التاريخ، وفي توضيح جوانب الهوية الخاصة بالسكان والعادات والتقاليد والتعليم والثقافة والعمران (موزة الجابر، 1986).

- اعتمدت الدراسة كذلك على دراسات ومؤلفات تاريخية أخرى أسهمت في توضيح الجانب التاريخي والسياسي للهوية، بالإضافة إلى المصادر التاريخية ذات العلاقة ببدايات تشكل الهوية العربية والإسلامية.

2. التعريف بمصطلح الهوية

لغة: «هُوَيّةٌ» تصغير «هُوّةٍ»، وقيل «الهَوِيَّةُ» بئر بعيدة المَهواة، والهُوّةُ البئر، والهُوّة الحفرة البعيدة القعر، وهي المَهواة[1].

أما في الاصطلاح، فإنه من الأحرى أن نذكر أن لفظة الهَوية في مستوى اللغة العادية العربية الحديثة (غير الفلسفية) تشير إلى (نحن)، وأن (الهُوية) دخلت إلى اللغة العربية كترجمة لـ(الوجود)[2] التي يعود مصدرها إلى الفلاسفة اليونانيين[3]، فقد تأثر الفلاسفة المسلمون بالتراث اليوناني في مناقشة مسألة الوجود، ثم انزاح مفهوم الهوية في الفلسفة الحديثة عن معناه السائد في الفلسفة اليونانية والإسلامية من معنى الوجود إلى الدلالة على الذات، وظهرت تفسيرات وتحليلات عديدة حول هذا المفهوم لدى الفلاسفة الأوربيين، وبدأ الفلاسفة والمفكرون العرب والأوروبيون المعاصرون في

---

(1) ابن منظور، لسان العرب، (دار المعارف، القاهرة، د.ت)، مجلد 6، ج51، ص4729.

(2) الموسوعة الجزائرية للدراسات السياسية والاستراتيجية، مفاهيم سياسية، تطور مفهوم الهوية (الجزء الأول) الرابط الإلكتروني: https://tinyurl.com/y3q6k3pl.

(3) قرفي فضيلة، الهوية عند تشارلز تايلور (رسالة ماجستير، جامعة 08 ماي 1945، قالمة،2017)، غير منشورة، ص2.

نهايات القرن التاسع عشر ومطلع القرن العشرين الاهتمام بفكرة الهوية ومناقشتها بتوسع[1].

كما يعرف تشارلز تايلور مصطلح الهوية بقوله: «إنها تعني من نكون، فهي المكان الذي ننسب إليه، إنها تجسد بحق الخبرات والتجارب السابقة التي تضفي معنى على أذواقنا، ورغباتنا، وخياراتنا، ومطامحنا. ومن ثم فإن إدراكي للهوية يعني أنني قد جعلت الهوية موضوعًا للحوار مع الآخرين... وبذلك فإن هويتي تعتمد إلى حد كبير على علاقاتي التحاورية مع الآخرين»[2].

يمكن القول إن مفهوم الهوية وفق هذا التعريف من المفاهيم الحديثة التي ترتبط بالوجود والذات والتراث الثقافي، مثلما ترتبط بالتعدد والتنوع والاختلاف والتغيير، أو بالتشابه والتماثل والثبات الاجتماعي، وهي أيضًا تتعلق بالشعور والانتماء المشترك بين أعضاء المجتمع السياسية إلى شيء يعتبرونه قاسمًا مشتركًا بينهم، سواء كان هذا القاسم المشترك أرضًا (إقليمًا جغرافيًا) أو ثقافة، أو دولة (كيانًا سياسيًا - الهوية الوطنية)، وكذلك الرغبة في التفاني والتضحية في سبيله، ويعني هذا أن الهوية تقع فيما يطلق عليه الجانب الرمزي من السياسة، وتؤثر من خلاله من كافة الجوانب الأخرى في حياة الجماعة، ولعل هذا ما جعل البعض يتجه إلى التأكيد على أن مسألة الهوية تنطوي في الأساس على معانٍ رمزية وروحية وحضارية جماعية، تعطي الفرد إحساسًا بالانتماء إلى جسم أكبر، وتخلق لديه الولاء والاعتزاز بهذا الجسم الأكبر[3].

---

(1) قرفي فضيلة، الهوية عند تشارلز تايلور، مرجع سابق، ص10-25.
(2) المرجع نفسه، ص2.
(3) الموسوعة الجزائرية، مرجع سابق.

3. عناصر الهوية

إن هوية أيّ أمة هي صفاتها التي تميزها عن باقي الأمم لتعبر عن شخصيتها الحضارية، والهوية دائمًا جماع ثلاثة عناصر:

1- العقيدة التي توفر رؤية للوجود واللسان الذي به يتم التعبير عن التراث الثقافي الطويل المدى.
2- اللغة التي تأتي بعد الدين بوصفها عاملًا مميزًا لثقافة شعب ما عن ثقافة شعب أخرى.
3- التاريخ وعناصر الثقافة المختلفة في صنع الهوية[1].

فعلى سبيل المثال إن الهوية عند المسلمين أكثر أهمية، و«الإسلام بعقيدته وشريعته وتاريخه وحضارته ولغته هو هوية مشتركة لكل مسلم، واللغة هي الفكر والذات والعنوان» (كاظم، 2009: 259)، والبعض اختصرها بالسمات المشتركة التي تجمع بين الغالبية العظمى من أفراد مجتمع معين لتحدد هويته وخصوصيته[2].

ومن ثم يمكن تقسيم المكونات الرئيسة التي تتشكل منها الهوية إلى قسمين رئيسين؛ يشتمل الأول على النواة الصلبة للهوية التي تتكون من المعتقدات الدينية، والقيم الحاكمة وتنبع من (الدين والموروث الثقافي للمجتمع)، والتراث الشامل (الثقافي والاجتماعي والسياسي للمجتمع)، وكذلك اللغة الرئيسة المعتمدة للمجتمع. أما القسم الثاني فيشتمل على المكونات التكميلية المرنة للهوية وهي: الأعراف والعادات والتقاليد، والجغرافيا الطبيعية والسياسية،

---

(1) ثائر رحيم كاظم، «العولمة والمواطنة والهوية: بحث في تأثير العولمة على الانتماء الوطني والمحلي في المجتمعات»، مجلة القادسية في الآداب والعلوم التربوية، (العراق، 2009، ج 8، ع 1)، ص7.

(2) جاسم سلطان، الهوية الوطنية القطرية إلهام وملهم للإنتاج الفكري والأدبي، محاضرة عامة، (الموقع الرسمي لوزارة الثقافة القطرية، 23/ إبريل/ 2020)، https://tinyurl.com/y69fw6em.

والتاريخ، والإنتاج والإنجاز الحضاري المتجدد للمجتمع، والفلكلور الشعبي، وقيادات وأعلام ورموز المجتمع، ونمط العلاقات مع العالم المحيط، والنظام السياسي للدولة، ونمط حياة المجتمع (طرق التفكير، الاهتمامات، الملابس، الطعام، الألوان، الرموز، الشعارات...)، ورسالة المجتمع ومهامه وأهدافه، والمصالح المشتركة للمجتمع، والتحديات المشتركة للمجتمع، والموروث المادي ويتعلق بالمواقع الأثرية والمعمارية والمخطوطات والمقتنيات التراثية المتوارثة من الأجداد[1].

(انظر الشكل: مصادر تشكل الهوية).

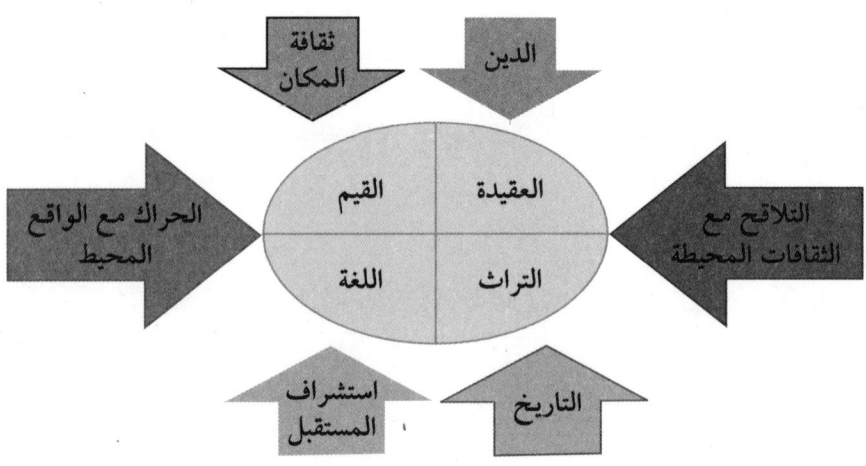

---

(1) إبراهيم الديب، بناء مفهوم الهوية وأدوارها الوظيفية في صناعة هوية الدولة الحديثة، (هويتي لدراسات القيم والهوية، د.ت)، ص13-14.

4. مستويات الهوية

مستويات الهوية:[1]

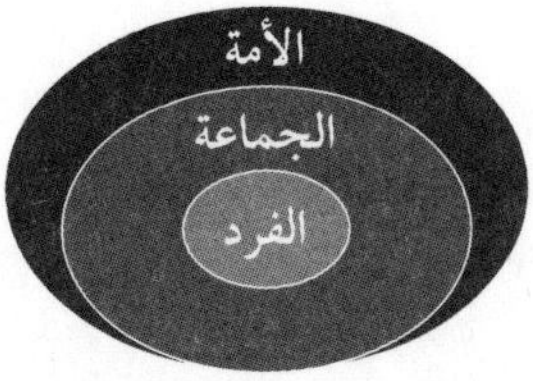

 	الفرد داخل الجماعة الواحدة	قبيلة كانت أو طائفة أو جماعة مدنية (حزبًا أو نقابة، إلخ).
	الجماعة داخل الأمة	كل جماعة لها ما يميزها داخل الهوية العامة الكلية المشتركة.
	الأمة	هوية جماعية، ولكنها أوسع من (الجماعة داخل الأمة) إذ إنها أمة واحدة داخل الأمم الأخرى.

(1) الموسوعة الجزائرية، مرجع سابق.

ثانيًا: تشكُّل الهوية العربية والإسلامية

1. العامل الجغرافي (الموقع والتسمية)

نظرًا لعلاقة الجغرافيا بتفسير الأحداث التاريخية فإن طبيعة موقع قطر الذي يربط شرق الخليج بغربه كما يربط الخليج مع شبه الجزيرة العربية في معبر بري شكل منفذًا رئيسًا للعديد من الأحداث التي أثرت في تشكيل تاريخ المنطقة التي تقع في منتصف الساحل الغربي للخليج العربي[1]، وهذا الموقع المتوسط في الخليج العربي يعد من المناطق الاستراتيجية المهمة[2]، حيث تمتد بين خطي

---

(1) مصطفى مراد الدباغ، قطر ماضيها وحاضرها، ط1، (دار الطليعة للطباعة والنشر، بيروت 1961)، ص29.

(2) طاهر خلف البكاء، «التطورات السياسية الداخلية في قطر خلال العقد الأول من استقلالها 1971-1981»، مجلة دراسات وبحوث الوطن العربي (الجامعة المستنصرية، العددان 8 و9، د.ت)، ص159.

عرض 26، 10 و24، 27 شمالًا، وخطي طول 51، 40 و50، 45 لتشكل بذلك شبه جزيرة تأخذ بهذا الامتداد شكلًا طوليًا شماليًا جنوبيًا يتفق ومحور القوس القطري، ويبلغ أقصى امتداد لها -من رأس ركن في الطرف الشمالي حتى أبعد نقطة على الحدود القطرية السعودية عند سودانثيل في خط مستقيم- حوالي 188 كم، ويبلغ أقصى عرض لها بين الدوحة ودخان في خط مستقيم نحو 85 كم. وهي بذلك تتوسط الخليج وتمثل الحد الفاصل بين المنطقة الممتدة على شكل هلال من رأس مسندم حتى خور العديد، ومن أبو سمرة حتى أم القصر، ويمتد القطاع البري من رأس خليج سلوى عند أبو سمرة حتى خور العديد بعرض يبلغ على طول خط مستقيم 40 كم. وقد ترك هذا الموقع آثاره في العديد من الأنشطة والتطورات الاقتصادية والاجتماعية والسياسية لمجتمع المنطقة، كما فرض تأثيره في شكل العلاقات التاريخية بين قطر والمناطق المحيطة وطبيعتها، وتأثرت أرضها وسكانها اقتصاديًا واجتماعيًا وسياسيًا في أثناء التطورات المتعاقبة التي شهدتها المنطقة، سواء كان على صعيد القوى المحلية في المنطقة أو القوى الخارجية مما انعكس على مرحلة تشكُّل الهوية، إذ عملت جغرافية قطر بحكم الموقع وخصائصه على الحفاظ على عروبتها أرضًا وسكانًا وعلى انتمائها الحضاري وثقافتها الإسلامية عبر التاريخ [1].

هوية المكان ضمن الامتداد الجغرافي (كيف تشكلت عبر العصور؟)

خلّف هذا الموقع بصمته ضمن النطاق الجغرافي الممتد عبر العصور للتأكيد على هوية المكان في عمقه العربي، وكذلك الإنسان وفق نسبه للقبيلة

---

[1] عبد العزيز عبد الغني إبراهيم، قطر الحديثة، قراءة في وثائق سنوات نشأة إمارة آل ثاني 1840 – 1916، ط1، (دار الساقي، بيروت، 2013)، ص22–23.

التي تنحدر من أواسط شبه الجزيرة العربية؛ ليضيف تأكيدًا على تماسك الهوية العربية لهذه البلاد (المكان والإنسان) واللغة العربية[1].

فالتكوين العربي لقطر يأتي ضمن الامتداد الجغرافي (المكاني) ووفق الامتداد التاريخي المتناسق مع التطورات التاريخية التي عاشتها المنطقة، فخلال الفترة من القرن 4-16م كانت قطر جزءًا من المنطقة التي اشتهرت باسم بلاد البحرين الممتدة من البصرة إلى سواحل عمان، وتنتهي غربًا في الصحراء وتشمل الكويت والأحساء[2]. وهي تمثل النهاية الجنوبية من إقليم البحرين التاريخية أو ربما الحد الفاصل بين عمان والبحرين[3]. ومملكة البحرين -الحالية- كانت جزءًا من إقليم البحرين وكانت تعرف قديمًا باسم «جزر أوال»[4].

وفي استقصاء تاريخي لقدم تسمية موقعها الجغرافي، الذي أطلق عليه ألفاظ مختلفة حتى استقرت التسمية على الاسم الحديث «قطر»، نجد أن ظهور التسمية كان مبكرًا في أدبيات المؤرخين والجغرافيين القدامى، فهذا الموقع يأتي ضمن النطاق العربي قبل الإسلام، حيث ذكرها المؤرخ الروماني بلينوس 23 أو 24- 79م وذكرها مرة باسم «قطراي» ومرة أخرى باسم «أعراب موضع أرض قطر»[5]، وذكرها بطليموس في خريطته لبلاد العرب باسم «قطرا Katara»[6].

---

(1) المركز العربي للأبحاث ودراسة السياسات، اللغة والهوية في الوطن العربي، إشكاليات تاريخية وثقافية وسياسية، الرابط الإلكتروني للمعلومات: https://tinyurl.com/y6qtyhxp.

(2) الدباغ، ماضي قطر وحاضرها، مصدر سابق، ص127.

(3) عبد العزيز عبد الغني، قطر الحديثة، مرجع سابق، ص21.

(4) محمد أحمد عبد الله وبشير زين العابدين، تاريخ البحرين الحديث 1500- 2002، ط1 (مركز الدراسات التاريخية، جامعة البحرين، 2009م) ص25.

(5) الدباغ، قطر ماضيها وحاضرها، مصدر سابق، ص126.

(6) الدباغ، المصدر نفسه، ص29.

وفي مصادر الجغرافيين المسلمين وردت عند ابن خُرْداذَبة (ت 912م) على أنها على الطريق من البصرة إلى عمان على الساحل وذكرها بلفظ «قطرا»[1] وهو بذلك يذكر التسمية نفسها التي أوردها بطليموس لكنه أضاف تفاصيل تتعلق بالموقع.

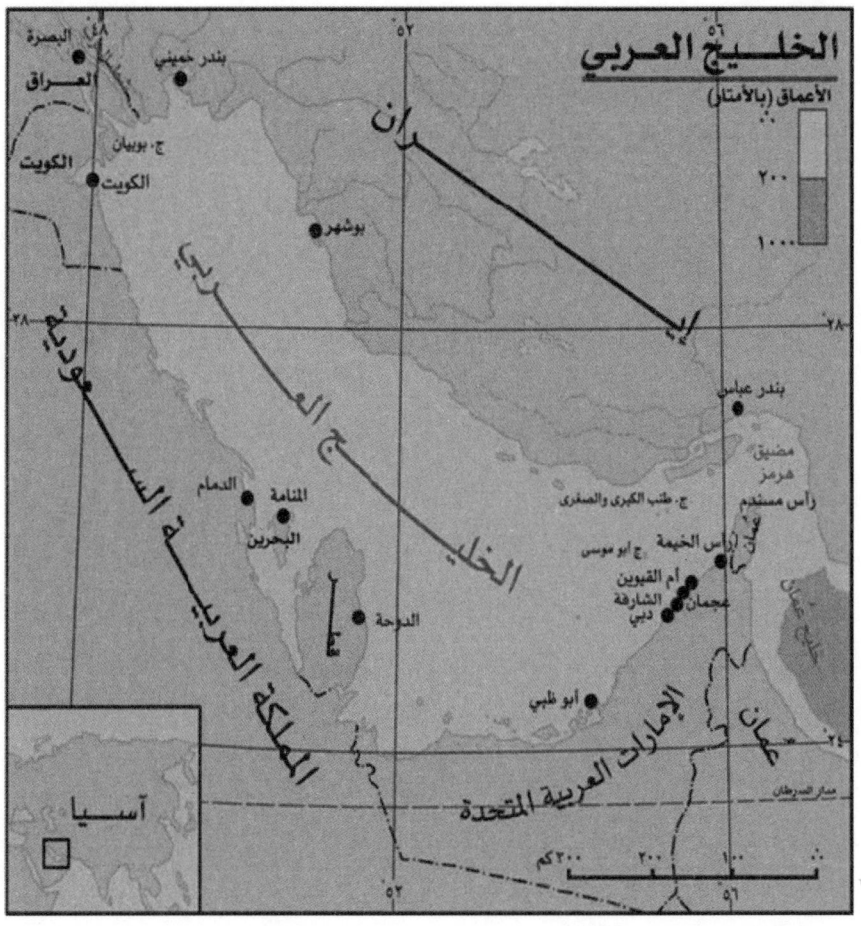

---

(1) عبيد الله بن عبد الله ابن خرداذبة، المسالك والممالك، طبعة 1، (مطابع بريل، ليدن، هولندا، 1309)، ص60.

أما ياقوت (ت 1228م)، فقد أورد تسميات عدة تتسق مع المعلومات الواردة في المصادر ومنها لفظ «قَطَرُ»، وتعني البيع نفسه، والقطر نوع من البرود، وذكر أن البرود القِطرِية حُمر لها أعلام فيها بعض الخشونة وحدد مكانها على سيف الخط بين عمان والعقير وقال عنها «قرية يُقال لها قَطَرُ وأحسب الثياب القطرية تنسب إليها، وقالوا قِطريّ، والقِطريات نجائب منسوبة إلى قطر لأنه كان بها سوق في قديم الدهر»، كما نسب النعام إلى قطر لاتصالها بالبر ورمال يبرين، والنعام تبيض فيها فتصاد وتحمل إلى قطر[1].

انصب اهتمام الجغرافيين من المسلمين على الإشارة إلى قطر في سياق حديثهم عن الطرق التجارية ومسالكها وهذا يعكس أهمية هذا الموقع من الناحية الاستراتيجية وتوسطه الساحل الغربي للخليج العربي، لوقوعها على الطريق البحري الذي يربط العراق بمواني المحيط الهندي والساحل الشرقي لإفريقية عبر البصرة والقطيف وصحار، ويعد الطريق البري الرابط بين العراق وعمان واحدًا من أقدم الطرق التجارية البرية وأبرزها في منطقة الخليج العربي حيث استخدمه التجار الآشوريون والبابليون لنقل بضائعهم ومنتجاتهم إلى مدينة الجرهاء، ومنه يتجه التجار إلى عمان وحضرموت واليمن حيث تتصل قوافلهم هناك بالطريق المشهور باسم طريق البخور الذي يمثل نقطة انطلاق للقوافل المتجهة إلى مكة ويثرب ثم إلى بلاد الشام. وازدادت أهمية هذا الطريق بعد القرن الثاني الميلادي عندما قامت الدولة الساسانية (226-637م) بالسيطرة على أقاليم البحرين وعمان واليمن[2]، وخلّف هذا الموقع في

(1) ياقوت بن عبد الله الحموي، معجم البلدان، (بيروت، دار صادر،1977)، ج 4، ص372.

(2) سيف شاهين المريخي، «الحياة الاقتصادية في قطر من ظهور الإسلام حتى نهاية القرن الرابع الهجري»، مجلة مركز الوثائق والدراسات الإنسانية، (جامعة قطر، العدد الثامن، 1996)، ص40-43.

امتداداته الجغرافية على الأرض أثره الكبير في التكوين السياسي والاجتماعي لقطر عبر العصور.

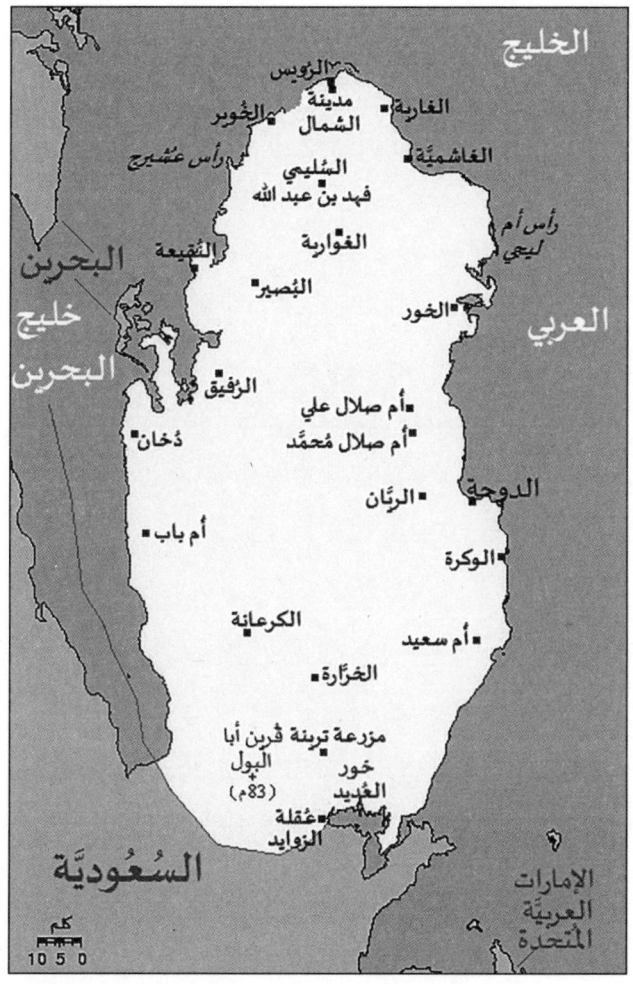

وفي العصر الحديث هيأ موقع قطر كشبه جزيرة وامتدادها إلى قلب مياه الخليج استمرار العديد من الميزات والخصائص المهمة؛ كاستغلال شطوط اللؤلؤ ومصائد الأسماك وكونها مقرًا وممرًا للعديد من المراكب العابرة للخليج، واستمرار الاتصال والاحتكاك بالعالم الخارجي، كما أن العديد من

الأخوار والتعاريج التي امتازت بها سواحل قطر أسهمت في وجود تداخلات مائية ساحلية في اليابسة كالأخوار والدوحات والخلجان، وهذا وفّر ملاذات طبيعية وملاجئ محمية للسكان والسفن معًا ومراكز انطلاق نحو البحر لاستغلال ثرواته البحرية من اللؤلؤ في فصل الصيف، ونحو الداخل لممارسة حياة الصيد ورعي نجائب الإبل في الشتاء، كما مثلت المنطقة الساحلية إلى جانب وجود بعض الرؤوس الصخرية أهمية بارزة في حياة السكان، حيث وفرت لهم الحماية أحيانًا من غارات البدو ومن أمواج البحر، واتخذ السكان من رؤوسها حواضر لهم، وانتشرت معظمها على الساحل، لذلك فالناظر إلى خريطة قطر يلاحظ أن معظم حواضر قطر التي انتشرت على الساحل قامت على الرؤوس والخلجان التي تحرس مداخلها الشطوط أو البحيرات الساحلية، أو الحواجز البحرية التي تمثل ظاهرة شائعة على طول شبه جزيرة قطر. وفرت هذه العقبات الطبيعية حراسة طبيعية لساحل قطر لتمنع إبحار سفن الغزاة الأكبر حجمًا من المراكب الوطنية[1].

لقد خلّف الموقع الجغرافي تأثيراته في أنشطة السكان الاقتصادية على مر العصور، فالطريق البري الرابط بين العراق وعمان يُعد واحدًا من أقدم وأبرز الطرق التجارية البرية في منطقة الخليج العربي؛ إذ استخدمه التجار الآشوريون والبابليون لنقل بضائعهم ومنتجاتهم إلى مدينة الجرهاء، وفي العصور الإسلامية الأولى شكّل موقع قطر موقعًا استراتيجيًا مهمًا على طرق التجارة العالمية، إذ كان يربط بريًا العراق والبحرين بعمان. وبحريًا تقع قطر على الطريق الذي يربط البصرة وموانئ ساحل الخليج الغربي بموانئ عمان والمحيط الهندي[2].

---

(1) عبد العزيز عبد الغني، قطر الحديثة، مرجع سابق، ص23.

(2) سيف المريخي، الحياة الاقتصادية في قطر، مرجع سابق، ص42- 45.

وفي العصر الحديث، ومن خلال وثيقة عثمانية تعود إلى تاريخ 1555م في دفتر الرؤوس رقم (213) وردت إشارات إلى «أن أهالي قطر كلهم عرب يعملون بالسفن، ولهذا فلديهم حوالي ألف سفينة كبيرة وصغيرة، وسواء أكانت سفنا نقلية أم سفن تجارة بحرية فقد لعبت هذه السفن دورًا في رفاهية هذا البلد، ولا ريب أن هذا يعود إلى فترة حكم آل مسلم»[1]، وقد أورد لوريمر إحصائيات مهمة تتعلق بالنشاط الاقتصادي لأهل قطر في أواخر القرن التاسع عشر وأوائل القرن العشرين إذ بلغ عدد مراكب صيد اللؤلؤ في الحواضر الساحلية في قطر (817) مركبًا، وبلغ عدد المراكب الأخرى العاملة في البحر (140) مركبًا وبلغ عدد مراكب صيد السمك (250) مركبًا ويتضح من هذه الإحصائيات أن الأنشطة الاقتصادية لسكان الحواضر على الساحل القطري ارتبطت بشكل رئيس (بالبحر) وبطبيعة الموقع كشبه جزيرة[2]، وربما كان هذا ما دفع بعض الرحالة الأوربيين إلى وصف سكان قطر بأنهم صيادو أسماك ولآلئ[3].

2. أهمية التاريخ ودوره في تشكل الهوية

يُشكّل التاريخ أحد أهم الدوافع التي كانت وراء تناول موضوع الهوية، وهو أحد العناصر الأساسية التي تقوم عليها الهوية وهو أيضًا السجل الذي يحفظ ملامح الهوية ويُرجَع إليه ويُعتمد عليه عند تناول الهوية، وانطلاقًا

---

(1) زكريا قورشون، قطر في العهد العثماني 1871 - 1916م دراسة وثائقية، ترجمة حازم سعيد، ط1، (الدار العربية للموسوعات، بيروت، 2008)، ص56.

(2) لوريمر، دليل الخليج، القسم الجغرافي، الجزء 6، (قسم الترجمة، مكتب صاحب السمو أمير دولة قطر، 1989-1990).

(3) جان جاك بيربي، جزيرة العرب، تعريب نجدة هاجر، سعيد الغر، ط1، (المكتب التجاري للطباعة والتوزيع والنشر، بيروت، حزيران 1960)، ص41.

من ذلك كله، فإن الاعتماد على التاريخ كمُكوّن أساسي في تتبع تشكُّل الهوية في قطر في مرحلة ما قبل تأسيس الإمارة وخلال مرحلة التأسيس، يتطلب ذلك وباختصار التعريف بالتاريخ وتوضيح أهميته وفائدته وقيمته في تناول الموضوع.

فالتاريخ لغة: تاريخ كل شيء غايته ووقته والتأريخ والتوريخ يعني الإعلام بالوقت. والتاريخ في اللغة تعريف الوقت مطلقًا،(1) وبيّن ابنُ خلدون (ت 808هـ/ 1405م) معنى التاريخ بقوله: «في باطنه نظر وتحقيق، وتعليل للكائنات ومبادئها دقيق، وعلم بكيفيات الوقائع وأسبابها عميق، فهو لذلك أصيل في الحكمة عريق، وجدير بأن يُعَدَّ في علومها وخليق».(2) وعن فضله قال: «اعلم أن فن التاريخ فن عزيز المذهب جم الفوائد شريف الغاية إذ يوقفنا على أحوال الماضين من الأمم في أخلاقهم، والأنبياء في سيرهم والملوك في دولهم وسياساتهم حتى تتم فائدة الاقتداء في ذلك»(3) قال السخاوي (ت 902هـ/ 1497م) عن فائدة التاريخ: «وأما فائدته فمعرفة الأمور على وجهها».(4)

والتاريخ بمفهومه الواسع هو العملية التي يصل فيها الإنسان إلى مستوى خاص من التطور وبصورة خاصة الفعاليات والمؤسسات السياسية والإنسانية، ثم صارت فكرة التاريخ عامة في القرن التاسع عشر وأصبحت تُطبق على كل شيء يمكن إدراكه سواء أكان حيًا أم جامدًا، وبذلك أصبح التاريخ وفق هذا المعنى فكرة شاملة فكل شيء وكل نشاط هو موضوع لبحثه وداخل ضمن

---

(1) حاجي خليفة، مصطفى بن عبد الله قسطنطيني الرومي الحنفي الشهير بملّا كاتب الحلبي، كشف الظنون عن أسامي الكتب والفنون، (دار الفكر، الأردن، 1982)، ج 2، ص271.

(2) عبد الرحمن ابن خلدون، مقدمة ابن خلدون، (دار الجيل بيروت، د.ت)، ص3-4.

(3) ابن خلدون، مقدمة ابن خلدون، مرجع سابق، ص10.

(4) محمد بن عبد الرحمن السخاوي، الإعلان بالتوبيخ لمن ذمّ أهل التاريخ، ت. فرانز روزنثال، ترجمة صالح أحمد العلي، (مؤسسة الرسالة، بيروت)، ص19.

نطاقه[1]. واستعملت لفظة تاريخ في الاصطلاح على نحوين اثنين، فتارة تستعمل ويراد بها مضمون المادة التاريخية ومحتواها، وتارة أخرى تستعمل ويراد بها طريقة التعامل مع هذه المادة. ويقول المفكر والمؤرخ عماد الدين خليل «لقد أطلق أجدادنا على التاريخ اسم «أبي العلوم» وهم يدركون جيدًا أن المعرفة التاريخية تتطلب إلمامًا بمعظم المعارف الإنسانية الأخرى؛ لأن التاريخ إنما هو حركة حياة بكل ما تنطوي عليه الكلمة من معارف وخبرات»[2] كما أن للتأريخ تأثيره في طبيعة المجتمع البشري لكونه يغذي الإنسان بفيوض الماضي، وإننا إذ نهتم بالتأريخ كمؤثر فإننا نسعى إلى أن يتحرك هذا التأريخ بالاتجاه الذي يخدم فيه المجتمع ويُطوِّر الإنسان ويحسن آلياته[3]، فالتاريخ لا يعني فهم الماضي فقط بل الحاضر أيضًا، ويتطلب ذلك السعي الدائم إلى إعادة قراءة التاريخ وتفسيره وتأويله[4].

وهو أحد العناصر الرئيسة للهوية، لذلك عند دراسة الهوية فإن مجموعة من العناصر المهمة المتمثلة بالأصول والأحداث والآثار التاريخية المهمة هي التي تتضح من خلالها ملامح الهوية لمجتمع ما، وما يتلاءم معها من هذه العناصر. فإن فهم الهوية مرتبط بالتطورات والأحداث التاريخية المرتبطة بالإنسان والمكان وتأثيرات المكان فيهما[5].

---

(1) فرانز روزنثال، علم التأريخ عند المسلمين، ترجمة الدكتور صالح أحمد العلي، ط2، (مؤسسة الرسالة، بيروت، 1983م)، ص17.

(2) عماد الدين خليل، «قيمة التاريخ»، قصة الإسلام، 11/ 7/ 2010، الرابط:
.https://tinyurl.com/y684e98n

(3) محمود الربيعي، «دور التأريخ وتأثيره في الثقافة»، البلاغ، 2/ 5/ 2017، الرابط:
https://tinyurl.com/y2xw7d5d

(4) أحمد عصيد، «الهوية والتاريخ والسياسة، متابعات»، ناظورسيتي، د.ت، الرابط:
.https://tinyurl.com/yxp6gdyb

(5) الموسوعة الجزائرية، مرجع سابق.

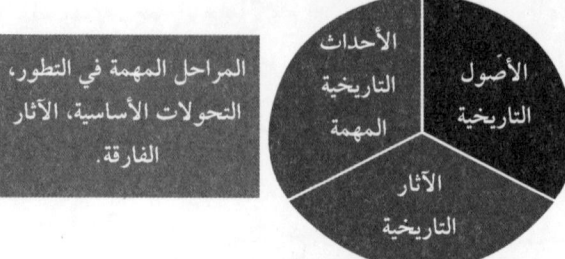

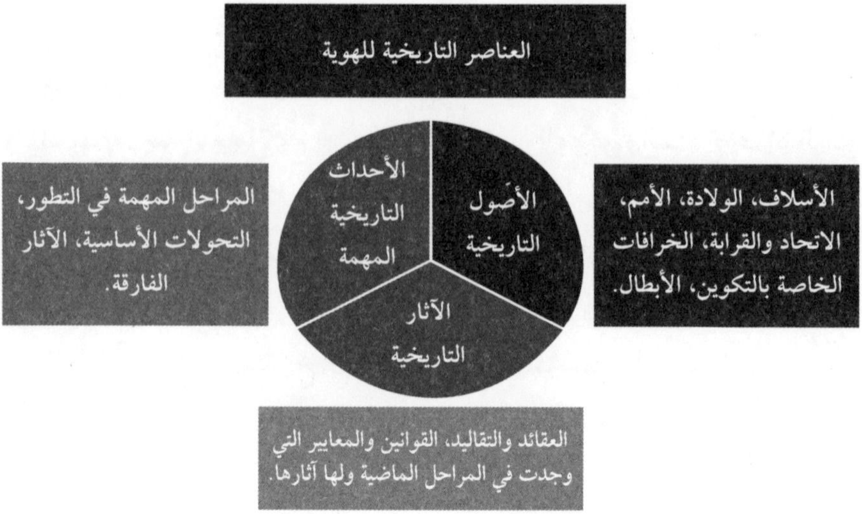

والهوية عندما تُربط بالتاريخ تصبح صيرورة للتجربة الإنسانية المتغيرة؛ إذ لا مجال للفصل بين الهوية والثقافة، فعلاقة الهوية بالتاريخ تبرز أن الهوية صيرورة يعاد بناؤها في زمن عبر النشاط الإنساني والتفاعل والتبادل[1].

---

(1) أحمد عصيد، الهوية والتاريخ والسياسة، متابعات، مرجع إلكتروني سابق.

ثالثًا: الهوية السياسية
(النظام السياسي ودوره في تعزيز الهوية والمحافظة عليها)

1. المؤثرات التاريخية قبل تأسيس الإمارة

ارتبط تاريخ قطر الحديث بالعديد من التطورات منها السياسية، فقد وردت إشارات مهمة في وثيقة برتغالية تعود إلى عام 1545م عن قبيلة آل مسلم[1]، ففي أواخر حكم بني خالد الذي كان مفروضًا على أجزاء واسعة من شرق الجزيرة العربية، حيث كانت أراضي قطر وقبائلها تخضع لهذا النفوذ، ويدير هذا النفوذ حكام آل مسلم[2]، بدأت المنطقة تتعرض لتطورات جديدة مرتبطة بظهور حركة الشيخ محمد بن عبدالوهاب (1703-1791) في نجد التي دعت إلى محاربة مظاهر البدع السائدة في أنحاء نجد والجزيرة العربية، ودعت إلى التوحيد والالتزام بتعاليم الإسلام كما كان أيام الرسول -صلى الله عليه وسلم-، وتحالف زعيم الحركة الوهابية مع زعيم الدرعية في اتفاق شفهي غير مكتوب عام 1744 لتتحول بعده إمارة الدرعية الصغيرة إلى دولة واسعة مترامية الأطراف[3] وتأثرت نجد وشبه الجزيرة العربية بمحاولات التمدد

---

(1) ب.ج. سلوت، عرب الخليج في ضوء مصادر شركة الهند الشرقية الهولندية 1602-1784، ترجمة عايدة خوري، مراجعة محمد مرسي عبد الله، ط1، (إصدارات المجمع الثقافي، أبو ظبي، 1993)، ص60.

(2) عبد العزيز عبد الغني، قطر الحديثة، مرجع سابق، ص563.

(3) حسين بن غنام، تاريخ نجد، حققه ناصر الدين الأسد، ط 2، (دار الشروق، بيروت، 1985) ص 81-91، محمد بن عمر الفاخري، الأخبار النجدية، دراسة وتحقيق وتعليق عبد الله بن يوسف الشبل، (جامعة الإمام بن سعود الإسلامية د.ت)، ص91- 123، عثمان بن بشر،

والتوسع من أتباع الحركة الوهابية بعد تحول الحركة من دينية إلى دينية سياسية، وبدأت تتسع وتخرج من الدائرة الصغيرة المحدودة في الإمكانات والموارد المادية والمعنوية والانعزالية في ركن من أركان نجد لتمد سيطرتها على الزعامات القبلية المجاورة، ثم التوسع في كافة الاتجاهات خارج نجد معززة بالقوة التي تشكلت نتيجة اتحاد الحركة الدينية والزعامة القبلية التي حدد شعارها مؤرخو الدعوة والدولة المنبثقة لنشر تعاليم الإسلام كما كان أيام الرسول -صلى الله عليه وسلم-[1]. ومثّل الموقع الجغرافي أهمية كبيرة، فالمعبر البري أصبح طريقًا لغارات البدو وغزوات أتباع الحركة الوهابية، التي ظهرت في نجد ومحاولات أتباع الدعوة والمدافعين عنها من حكام إمارة الدرعية من آل سعود، فبعد أن بسطوا نفوذهم على نجد بدؤوا يتطلعون إلى الحصول على منفذ بحري على الخليج والتجارة مع الهند لذلك اتجهوا للسيطرة على البحرين، ثم امتدت غزواتهم باتجاه سواحل قطر وساحل عمان في محاولة للسيطرة على شرق الجزيرة العربية والخليج.

وقد تأثر إقليم الأحساء ومنه قطر، كحال باقي مناطق الخليج بالغارات والغزوات القادمة من نجد عبر الأحساء التي شهدت سابقًا هجرة مجموعات بشرية باتجاه سواحل الخليج، فأصبحت معبرًا لغزوات قامت بها القبائل التابعة للسعوديين والحركة الوهابية خلال الأعوام 1788[2]، و1792[3]،

عنوان المجد في تاريخ نجد، حققه وعلق عليه عبد الرحمن بن عبد اللطيف آل الشيخ، ط 4، (مطبوعات دارة الملك عبد العزيز، الرياض، 1982)، ج 2، ص18-22.

(1) ابن غنام، تاريخ نجد، مصدر سابق، ص81-91، محمد بن عمر الفاخري، الأخبار النجدية، مصدر سابق، ص91-123، ابن بشر، عنوان المجد في تاريخ نجد، مصدر سابق، ج 1، ص18-22.

(2) ابن بشر، المصدر نفسه، ص161.

(3) المصدر نفسه، ص179.

و1794[1] و1851[2]، واستطاعت الدولة السعودية توسيع نفوذها على سواحل الخليج ليشمل سواحل قطر وجزر البحرين ومنطقة عمان ومسقط[3]، وارتبط استقرار النفوذ السعودي في سواحل الخليج بقوة الدولة السعودية وتماسكها[4]، والهدف من عرض هذه المعلومات هو التأكيد على التأثيرات التي تركتها هذه الغارات على شكل التكوين السياسي وعلى الهوية الدينية للسكان والحكام بمبادئ الحركة الوهابية. أما عن تفاصيل الأحداث التاريخية المرتبطة بتأسيس الإمارة وتطوراتها فسوف تُعرض عند الحديث عن تشكل الهوية السياسية في قطر.

ومن التطورات التاريخية المهمة التي تشابكت وتداخلت مع العامل الجغرافي والسكاني والسياسي، برزت أهمية الامتداد الجغرافي المتمثل في طبيعة الموقع وخصائصه بتأثيره في تطورات وأحداث لها صلة مباشرة بتشكل السكان، وتمثل ذلك بتدفق قبائل عربية اعتادت على حياة البادية في نجد ومن ثم بدأت تنتقل تباعًا لاستكشاف سواحل الخليج واستيطانها، وكان من بين هذه الهجرات الحديثة، هجرة العتوب وما ترتب عليها من تعزيز للاستيطان العربي في المنطقة، ولعل ذلك أسهم في تثبيت هويتها ضمن النطاق العربي وأصبحت ضمن النطاق السياسي لبلاد فارس (إيران)، لذلك كانت أرض قطر هي العمق الاستراتيجي للتدفق العربي باتجاه سواحل الخليج حتى البصرة، وقُدّر لأرض قطر أن تكون مستقرًا آمنًا ومستوطنًا مؤقتًا لحركة هذه القبائل،

(1) المصدر نفسه، ص209، و306.

(2) ابن بشر، المصدر نفسه، ج2، ص281.

(3) عبد العزيز المنصور، التطور السياسي لقطر، ط1، (ذات السلاسل للطباعة، الكويت، 1979)، ص191، مفيد الزيدي، تاريخ قطر المعاصر، 1913-2008، (دار المناهج للنشر والتوزيع، الأردن، 2010)، ص66.

(4) عبد العزيز المنصور، التطور السياسي لقطر، مرجع سابق، ص191.

كما قُدّر لها أن تكون أيضًا موطنًا انطلقت منه تكوينات سياسية أولها في الكويت بزعامة آل الصباح، وثانيها في البحرين بزعامة آل خليفة، ثم الثالثة كانت في قطر بزعامة آل ثاني(1)، وفرض الموقع الجغرافي كما في الماضي تأثيره في شكل العلاقات التاريخية وطبيعتها بين قطر وجوارها، فقد أسهمت أرض قطر وسكانها في الأحداث التي شهدتها البحرين بين عامي 1840-1843 في الصراعات على الحكم بين أبناء آل خليفة(2)، التي ترتب عليها تطورات مهمة، فقد بدأت تتشكل ملامح الوحدة بين القبائل القطرية بزعامة الشيخ محمد بن ثاني ثم أنتج ذلك تفاهمات مع الدولة السعودية الثانية بزعامة فيصل بن تركي آل سعود عام 1850، تركت آثارها في قضايا مهمة على صعيد ظهور الإمارة والعلاقة مع الرياض والبحرين والبريطانيين(3)، وسوف تُتناول تفاصيل هذه القضايا في الجزء المعني بتشكل الهوية السياسية في قطر من هذه الدراسة.

يدين سكان قطر بالدين الإسلامي، وغالبيتهم يعتنقون مذهب الإمام مالك، بالإضافة إلى المذهب الشافعي، والمذهب الحنبلي هو المذهب الرسمي، وإلى جانب المذهب السني، توجد أقلية من السكان تعتنق المذهب الشيعي وهم البحارنة، ومعظمهم شيعة اثنا عشرية، وكان للدين وما يزال له أثر واضح في حياة الناس من حيث تشكيل أفكارهم ومعتقداتهم وثقافتهم

---

(1) عبد العزيز عبد الغني، قطر الحديثة، مرجع سابق، ص563.

(2) ابن بشر، عنوان المجد في تاريخ نجد، مصدر سابق، ج 2 ص 284، عبد العزيز عبد الغني، قطر الحديثة، مرجع سابق، ص110-111، وص566.

(3) أحمد زكريا الشلق وآخرون، تطور قطر الحديث والمعاصر، فصول من التطور السياسي والاجتماعي والاقتصادي، ط 7، (مطابع رينود الحديثة الدوحة، قطر، 2016)، ص80-81، وعبد العزيز عبد الغني، قطر الحديثة، مرجع سابق، ص110-111، وص566، مختارات من وثائق حكومة بومباي، ص334.

ووجدانهم، كما كان النظام القضائي في قطر يسير وفقًا لأحكام الشريعة الإسلامية⁽¹⁾.

ارتبط تشكل **الهوية الإسلامية لقطر بظهور الإسلام وانتشاره في مراحله الأولى**، وأدى ذلك إلى ثبات هذه الهوية وبقائها واستمرارها، إذ كانت قطر في الفترة الممتدة من ظهور الإسلام وانتشاره في الجزيرة العربية وحتى العقد الثامن من القرن الثالث الهجري جغرافيًا تعد من أعمال إقليم البحرين الذي يمتد من كاظمة (الكويت) إلى ساحل عمان الشمالي، الذي أطلق عليه أحيانًا شرق شبه الجزيرة العربية⁽²⁾، وكان سكانه من عبد القيس وبكر بن وائل وتميم يقيمون في باديتها وكان عليها المنذر بن ساوى واليًا من قبل الفرس⁽³⁾، وقد أورد البلاذري (ت عام 279هـ) في كتابه «فتوح البلدان» خبر فتح البحرين بقوله: «وكان بها خلق كثير من العرب من عبد القيس، وبكر بن وائل، وتميم مقيمين في باديتها، وكان على العرب بها من قبل الفرس على عهد رسول الله -صلى الله عليه وسلم- المنذر بن ساوى، أحد بني عبد الله بن زيد بن عبد الله بن دارم بن مالك ابن حنظلة، وعبد الله بن زيد هذا هو الأسبذي نسبة إلى قرية بهَجَر يقال لها الأسبذ. فلما كانت سنة 8 وجَّه رسول الله -صلى الله عليه وسلم- العلاء بن عبد الله بن عماد الحضرمي حليف بني عبد شمس إلى البحرين؛ ليدعو أهلها إلى الإسلام أو الجزية وكتب معه إلى المنذر بن ساوي وإلى سيبُخت مرزبان هَجَر يدعوهما إلى الإسلام أو الجزية، فأسلما وأسلم معهما جميع العرب هناك وبعض العجم «وأما الأقوام الأخرى فإنهم

---

(1) موزة الجابر، الحياة الاجتماعية والاقتصادية في قطر من عام 1900-1930، أطروحة ماجستير، (جامعة عين شمس، القاهرة، 1986) ص262-264.

(2) سيف المريخي، الحياة الاقتصادية في قطر، مرجع سابق، ص40.

(3) محمد سعيد المسلم، ساحل الذهب الأسود، دراسة تاريخية إنسانية لمنطقة الخليج العربي، ط 2، (منشورات دار مكتبة الحياة، بيروت، د.ت)، ص119.

صالحوا العلاء وكتب بينه وبينهم كتابًا نسخته: «بسم الله الرحمن الرحيم، هذا ما صالح عليه العلاء بن الحضرمي أهل البحرين، صالحهم على أن يكفونا العمل ويقاسمونا التمر فمن لم يف بهذا فعليه لعنة الله، والملائكة، والناس أجمعين، وأما جزية الرؤوس فإنه أخذ لها من كل حالم دينارًا»[1] ومثّل هذا الحدث إيذانًا بمرحلة جديدة من تاريخ هذه البلاد أرضًا وسكانًا إذ أصبحت جزءًا لا يتجزأ من الدولة الإسلامية الجديدة وعاصمتها المدينة المنورة على ساكنها أفضل الصلاة والتسليم، ليكون الرابط متينًا ووثيقًا قائمًا على أساس الدين والعقيدة واللغة والثقافة والتاريخ والأرض.

منذ السنة الثامنة من هجرة الرسول -صلى الله عليه وسلم- انتشر الإسلام في قطر دون قتال بقبول المنذر بن ساوى حاكم بلاد البحرين لما ورد في الرسالة التي بعث بها الرسولُ -صلى الله عليه وسلم- مع أبي العلاء الحضرمي ليصبح بعد ذلك الحضرمي واليًا على بلاد البحرين[2]، وبعد وفاة الرسول -صلى الله عليه وسلم- كان في مقدمة المرتدين بكر بن وائل فتصدى لهم أبو العلاء الحضرمي تسانده قبائل بني عبد القيس الذين لم يرتدوا عن الإسلام[3]، وكان يتولى شؤون قطر السياسية والمالية والإدارية والي إقليم البحرين الذي يقيم في الأحساء، وكان يُعين من قبل الخليفة منذ عصر الرسول -صلى الله عليه وسلم- وحتى القرن الثالث الهجري[4].

ثم أصبحت المنطقة (بلاد البحرين) مركزًا لتجهيز الحملة من أجل مهاجمة بلاد فارس واجتمعت الحملة شمالي قطر وجزر البحرين إضافة

---

(1) أحمد بن يحيى بن جابر البلاذري، فتوح البلدان، تحقيق عبد الله عبد الله أنيس الطباع، (المعارف، بيروت، لبنان 1987) ج1، ص106-107، 108.

(2) البلاذري، فتوح البلدان، مصدر سابق ص107، 108.

(3) الدباغ، ماضي قطر وحاضرها، مصدر سابق، ص143-147.

(4) سيف المريخي، الحياة الاقتصادية في قطر، مرجع سابق، ص40.

إلى تجمع المسلمين جنوب العراق، ونجح أبو العلاء الحضرمي بمساندة الجموع من عبد القيس وغيرهم من العرب في الوصول إلى الساحل الشرقي من الخليج وبهذا تكون أرض قطر قد أسهمت في تعزيز انتقال الإسلام ونشره مبكرًا نحو بلاد فارس وبمشاركة قطر أرضًا وسكانًا[1].

وتأثرت قطر وأهلها بحكم موقعها الجغرافي بالأحداث الجارية في المنطقة، عندما سيطر القرامطة في بداية العقد الثامن من القرن الثالث الهجري على القطيف والأحساء وهجر وأسسوا دولتهم في البحرين، ثم وسّعوا نفوذهم بعد ذلك ليشمل قطر وأجزاء من عمان واستمر ذلك زهاء قرنين من الزمن[2].

2. دور المنطقة وأهميتها في نشر الإسلام

اشتهرت قطر عبر العصور الإسلامية بأهمية موقعها على الطرق التجارية، وموقعها الرابط بين الجزيرة العربية ومنطقة الخليج، فبعد أن فتح المسلمون أقاليم البحرين وعمان واليمن وبلاد الشام والعراق وإيران، أصبحت طرق تجارة القوافل في الخليج العربي ومحطاتها بيد المسلمين، مما أدى إلى ازدهار الطريق البري بين البصرة وعمان، وفي العصر الأموي (661-750م) امتدت الفتوحات الإسلامية إلى حدود الهند في الشرق وإلى بلاد المغرب الأقصى والأندلس في الغرب، وأسهمت الطرق والمراكز التجارية في الخليج العربي بدور فعال في استمرارية الفتوحات الإسلامية في الشرق فكانت مستودعات تموينية تعبر منها الإمدادات العسكرية والغذائية إلى الفاتحين، وفي العصر العباسي (749هـ-1258م) اهتم الخلفاء العباسيون بالتجارة مع بلدان الشرق الأقصى

---

(1) الدباغ، ماضي قطر وحاضرها، مصدر سابق، ص143-147.

(2) سيف المريخي، الحياة الاقتصادية في قطر، مرجع سابق، ص40.

والساحل الشرقي لإفريقية، وازدهرت العلاقات التجارية مع الهند والصين وموزمبيق وجزر الواق واق مما أدى إلى انتعاش حركة التجارة في منطقة الخليج وإلى ازدهار الطرق التجارية البرية التي تربط بغداد عاصمة الدولة العباسية بمراكز التجارة العالمية الواقعة على الساحل الغربي للخليج العربي[1].

أعطت الأنشطة الاقتصادية نوعًا من حضور الهوية القطرية ضمن الدولة الإسلامية وعبر العصور الأولى، فقد اشتهرت قطر في العصور الإسلامية الأولى بصناعة الملابس وحياكتها، واكتسبت شهرة واسعة نتيجة لجودة الملابس التي تصنع فيها ولنشاط سكانها في تسويق منتجاتهم في أسواق الجزيرة العربية والمناطق المجاورة لها مما كان له الأثر الكبير في شهرة هذه المنسوجات، وتسمى الملابس التي كانت تنسج في قطر بـ (القِطرية) نسبة إلى قطر، وكانت أكثرها شهرة البرود القطرية ومفردها بردة، وهي كساء يستخدم لتغطية الجسم ليقيه من برد الشتاء، واشتهرت أيضًا إلى جانب ذلك العديد من أنواع الملابس التي كان تُنتج في قطر ويُسوّق لها في الجزيرة العربية وجوارها، مثل الإزار القطري، ثم الدرع، والحلل، والأردية القطرية، وفي العصر العباسي اشتهرت بإنتاج العصب وتصديرها إلى باقي أنحاء الدولة الإسلامية، وازدهرت أيضًا صناعة العمائم، كما اشتهر أهل قطر منذ العصور الإسلامية باستخراج اللؤلؤ، وتربية الإبل[2].

3. النظام السياسي (بدايات تشكل الإمارة السياسية)

تشكلت الهوية في التاريخ وانبَنَت عبر صيرورة الأحداث والوقائع والتجارب. وبات من الطبيعي أن تسعى الدولة عبر أنواع مختلفة من البِنيات

---

(1) المريخي، المرجع السابق، ص43.
(2) المريخي، المرجع نفسه، ص46-52.

التي تتكون منها إلى ترسيخ هويتها الجامعة لدى الأفراد والجماعات المنضوية تحت سلطتها لضمان ولائهم لها والحفاظ بذلك على الاستقرار[1].

منذ الأربعينيات من القرن التاسع عشر، برزت شخصية الشيخ محمد وولده جاسم لتوفر بذلك الزعامة المطلوبة لقيادة القبائل القطرية نحو الاستقلالية بعيدًا عن أي سيطرة ونفوذ للقوى المجاورة، فالشيخ محمد يمتد في نسبه إلى قبيلة بني تميم واشتهر والده بتجارة اللؤلؤ في الزبارة[2]، وامتد نفوذ الشيخ محمد بن ثاني من فويرط إلى الدوحة وصار يتنقل في سكناه بينهما[3]، وبرز اسم الشيخ محمد بن ثاني بعد خراب الدوحة الأول ومقتل عيسى بن طريف عام 1847 وظهور الشيخ محمد بن ثاني زعيمًا للدوحة وللقبائل القطرية؛ نتيجة المتغيرات في نجد والبحرين، إضافة إلى ما تمتع به ابنه جاسم من شجاعة وفكر سياسي ناضج برز في العديد من الأحداث التي ارتبطت بالمتغيرات السائدة في المنطقة. كما ورد اسم الشيخ محمد بن ثاني في تقارير المقيمية البريطانية التي تعود إلى عام 1850 حول حرصه على سيادة الأمن في البحار[4].

قبل ظهور الإمارة في قطر، تعاملت حواضر قطر مع ظروف داخلية وخارجية متنوعة أسهمت في تشكل النظام السياسي، فكان من ذلك لامركزية الحكم، وخضوع البحرين للنفوذ الفارسي، والمد الوهابي باتجاه عمان، وعانت من آثار التنافس بين الوهابيين وحكام مسقط على جزر البحرين، والوجود البريطاني في المنطقة. ومع مطلع التاريخ الحديث تضرر أمن الحواضر القطرية مع تطلع آل خليفة إلى حكم البحرين، وتهاوى مع

---

(1) أحمد عصيد، الهوية والتاريخ والسياسة، متابعات، مرجع إلكتروني سابق.
(2) الشلق، تطور قطر، مرجع سابق، ص83.
(3) عبد العزيز عبد الغني، قطر الحديثة، مرجع سابق، ص565.
(4) المرجع نفسه، ص97 - 98.

الامتداد الوهابي إلى قطر خلال فترة حكم فيصل بن تركي في عهد الدولة السعودية الثانية، وكل ذلك مما أسهم في انهيار أسس هذا المجتمع القطري القديم ليظهر بديلًا عنه مجتمع جديد أسس قطر الحديثة، وفَقدت - خلال هذه المرحلة - أسر وجماعات نفوذها لمصلحة أسر وجماعات أخرى، حتى انتهت إلى أسرة آل ثاني التي أقامت شكلًا من أشكال مركزية الحكم حين ارتضت الوهابية فكرًا ومنهجًا والجامعة الإسلامية سياسة وتوجهًا، والوطنية القطرية بديلًا عن الوطنية القبلية، ثم بدأت الملابسات التي كونت شخصية قطر الحديثة، وأسست لمركزية الحكم فيها[1].

وهكذا أخذ دور أسرة آل ثاني ممثلًا في شخصية الشيخ محمد وابنه جاسم يتبلور من منتصف القرن التاسع عشر، وأخذت عصبة قبلية تترابط في مراكز حضرية، وتستند إلى مقدرة مالية أضيفت إليها سلطة توافق عليها من يَحكم في الرياض والمنامة، اعترافًا بالرئاسة لهم في قطر. ومن ثم بدأت الرئاسة في ترتيب شؤون المجتمع بإقامة الأمن وتحقيق العدل وتنظيم ما يخص المال والأعمال التي ثبتت خلال هذه الفترة في أسرة الشيخ محمد بن ثاني، وتولى تصريفها ابنه الشيخ جاسم الذي عمل على إعادة صياغة هذا المجتمع القبلي بهدف الخروج من عصبية القبيلة وتنافرها وتقاتلها، وتحويل هذا المجتمع باتجاه الفكر الإسلامي الذي أخلص له الشيخ جاسم الولاء وتحويله من مجتمع كيان قبلي ضعيف متناحر إلى مجتمع متماسك يقوم على مبادئ إسلامية مبنية على تعزيز التآخي والتعاون والتعاضد، وبدأت هذه السياسة واضحة إزاء العديد من الأحداث التي واجهت الحكم في قطر في بدايات نشأة الإمارة وما بعدها[2].

---

(1) المرجع نفسه، ص22.
(2) عبد العزيز عبد الغني، المرجع السابق، ص567.

كل هذا جرى في ظل تعزيز الهوية العربية الإسلامية لدى المجتمع القطري، والتي ظهرت في العديد من التوجهات المرتبطة بظهور الإمارة السياسية وتطوراتها، كما تعمّق تعزيز هذه الهوية من خلال النظام السياسي والقضاء والتعليم وبما يتلاءم مع طبيعة الموقع وامتداداته، وما فرضه هذا الموقع من أحداث سياسية وعلاقات مع قوى الجوار والقوى الخارجية التي تنافست على بسط النفوذ في المنطقة.

وتظهر العوامل المؤثرة في تشكل الهوية السياسية ظهورًا بارزًا من خلال تتبع الدور الذي قام به مؤسسو الإمارة ومن تمسكهم بالهوية العربية والإسلامية والعمل على تعزيزها من خلال الإشارات الواردة حول هذا الموضوع، لاسيما أن الدولة في المجتمعات الحديثة غدت بصورة متزايدة هي القيّمة على شؤون الهوية[1]، فمع ظهور النظام السياسي في قطر الذي تميز في بداياته بالمركزية الشديدة لتركز السلطات في يد الشيخ ومعاونيه[2] وكانت هذه السلطة في بداياتها تُوصف بأنها ذات طابع أبوي، بسبب صغر حجم المجتمع وتداخل قبائله، حيث كان بمقدور أي شخص لديه شكوى أن يرى الحاكم ويقابله في أي وقت ولأي سبب[3]. وعكست هذه العلاقة بشكلها هذا الترابط والتماسك القائم بين الأسرة الحاكمة والشعب والذي أسهم في ترسيخ العلاقة القائمة على الاحترام والولاء[4].

---

(1) اللغة والهوية في الوطن العربي، إشكاليات تاريخية وثقافية وسياسية، المركز العربي للأبحاث ودراسة السياسات، الرابط الإلكتروني: https://tinyurl.com/y6qtyhxp.
(2) موزة الجابر، الحياة الاجتماعية والاقتصادية 1900-1930، مرجع سابق، ص211.
(3) المرجع نفسه، ص213.
(4) مركز الجزيرة للدراسات، 2018، الهوية والانتماء ودورهما في صمود قطر، عبد العزيز آل إسحاق، ص3، الرابط: https://tinyurl.com/y5b8e5bz.

4. مظاهر تشكل الهوية لدى النظام السياسي: ترسيخ الهوية العربية والإسلامية (الإمامة في الصلاة إلى جانب الزعامة القبلية والسياسية)

ربط بالجريف بين الهجمات التي شنتها الدولة السعودية (والتي وصفها بالغزو النجدي) على سواحل الخليج[1]، ومنها سواحل قطر التي تعرضت لخمس غزوات في الأعوام 1788[2]، و1792[3] و1794[4]، و1810[5]، و1851[6]، وبين الصحوة الإسلامية في المنطقة، ومن مظاهر هذه الصحوة تأسيس مسجدين في مدينة البدع وصف أحدهما بأنه كبير الحجم ولكنه عادي خالٍ من نقوش الزينة تمشيًا مع الذوق الوهابي، ويقع شمال القلعة في حين حدد موقع المسجد الثاني في الطرف المقابل من المدينة (القرية)، وهو أصغر من المسجد الأول ولكنه أكثر أناقة[7]، وهنا كان الربط أيضًا بين المكانة الدينية إلى جانب المكانة السياسية للشيخ محمد بن ثاني وابنه جاسم، فقد وصف الشيخ محمد بن ثاني بأنه كان متدينًا جدًا، وكان يقوم بدور الإمام في معظم الأحوال في المسجد الكبير، أما ابنه جاسم فكان يؤم الناس بالصلاة في المسجد الصغير[8] ويبدو من الإشارات التي أوردها بالجريف أن الربط بين التحالف الذي تم بين الشيخ محمد بن ثاني

---

(1) وليام جيفورد بالجريف، وسط الجزيرة العربية وشرقها، ترجمة صبري محمد حسن، (المركز القومي للترجمة، القاهرة، 2001)، ج2 ص270.

(2) ابن بشر، عنوان المجد في تاريخ نجد، مصدر سابق، ج1، ص161.

(3) المصدر نفسه، ص179.

(4) المصدر نفسه، ص209.

(5) المصدر نفسه، ص306.

(6) ابن بشر، عنوان المجد، مصدر سابق، ج2، ص281.

(7) بالجريف، وسط الجزيرة العربية، مصدر سابق، ص270.

(8) المصدر نفسه، ص276، عبد العزيز عبد الغني، قطر الحديثة، مرجع سابق، ص143.

وفيصل بن تركي كان من مظاهره الزعامة السياسية والدينية(1)، وهذا من العوامل الرئيسة والمهمة التي توضح دور مؤسِّسي الإمارة في قطر بالتمسك بالهوية العربية والإسلامية وترسيخها في بناء إمارتهم، وبدأ ذلك يظهر في المواقف السياسية لحكام الإمارة وعلاقاتهم مع القوى الداخلية والخارجية في المنطقة.

آمن الشيخ جاسم إيمانًا راسخًا بفكرة الرابطة الإسلامية بما لا يتعارض مع استقلالية الإمارة وسيادتها. كما كان يؤمن بقوة الدولة المسلمة والموالاة، حيث الصغير في ذمة الكبير، والسيادةُ عنده لله وللخليفة في أرضه وللمواطنين كافة، ولم يكن يهتم سواء أكان على رأس الرابطة الإسلامية التي أفنى عمره في خدمة غاياتها -رغم ما واجهه من الصعاب- سعوديون أم أتراك عثمانيون أم غيرهم من أهل السنة والجماعة، ورغم حماسته للرابطة الإسلامية الجامعة، فقد كان حريصًا على استقلال قطر، وفي إطار هذا الإيمان والرؤية السياسية اهتم الشيخ جاسم بهويته القطرية وحرص على ألا يتسلط عليه أي سلطان باسم الرابطة الإسلامية وغيرها، وهذه النزعة الاستقلالية التي تقوم على لامركزية الحكم أي أن تصريف شؤون الحكم والإدارة لكل مصر من الأمصار الداخلة في الرابطة الإسلامية يجب أن يظل في يد أبناء كل إقليم في دولة الموالاة ضمن مركزية فضفاضة وعدم سيطرة الكبير على الصغير. هذا الفكر العميق الذي تمتع به جاسم تطلع لتطبيقه من أجل تأسيس كونفدرالية إسلامية شاملة من دون تسلط عرق على آخر، وهذا التوجه نحو موالاة العثمانيين أكسبه عداء القوة الإقليمية وأدخله في مواجهات قاسية مع القوة الاستعمارية الأبرز في الخليج(2). فحتى مع الصدام في معركة الوجبة بينه

---

(1) المرجع نفسه، ص105.

(2) المرجع نفسه، ص106.

وبين العثمانيين، لم يتخلّ الشيخ جاسم عن الرابطة التي تربطه مع الخلافة ورفض التحالف مع الإنجليز بعد معركة الوجبة[1].

وتجلت الهوية الدينية التي تمسك بها في مواقفه تجاه الخلافة الإسلامية وظهر ذلك حول نصيحته السلطان العثماني في التعامل مع عبد العزيز آل سعود وإرسال قوات عثمانية ضده وقال «من قاسم بن ثاني إلى عرش السلطان حفظه الله ونصره، إن إخلاصي وطاعتي وشرفي يدعوني لنصيحة أهل ملتي وسلطاني سمعت نصيحتي أم لا... إن حكمة سيدنا الخليفة وقائد المؤمنين، خاقان البحرين، ورحمته لرعاياه أمر معروف ومشهور، إنه ليس من أخلاقه الحميدة السماع للوشاة الذين لا يقدرون عواقب أعمالهم، بل ينظرون فقط لمصالحهم الخاصة. فليس هنالك أبدًا ما يدعو لإرسال قوات ضد ابن سعود...»[2]، كما تبرز هذه النزعة بشكل واضح عند التأكيد على دوره في تقديم النصح الصادق للسلطان العثماني باعتباره أمير المؤمنين وخليفة المسلمين عندما بين للسلطان أنه «في كل حادثة مهمة أسمعتكم رأيًا، والآن أسمع أن الحكومة قررت إرسال قوات إلى نجد للمرة الثانية وحيث إن الدافع لهذا القرار مخاوف لا أساس لها، فإنني إحساسًا بمسؤوليتي نحو ضميري وعقيدتي أحارب هذا القرار الذي لا فائدة منه ولا نفع. إن النفع الحقيقي والنصر الكبير هو وحدة المسلمين وجميع رعايا الدولة

---

(1) الدباغ، ماضي قطر وحاضرها، مصدر سابق، ص183- 185.

(2) رسالة نقلها القنصل الألماني أرسلها أمير قطر في 16 نوفمبر سنة 1904 إلى السلطان العثماني في إستانبول وإلى والي البصرة، ونشرت هذه الرسالة اللاسلكية جريدة الأهرام القاهرية في مصر بتاريخ 3 فبراير سنة 1905. وردت في البرقية مبادئ هامة تعكس النزعة الدينية والسياسية التي تمتع بها الشيخ جاسم. انظر: محمد مرسي عبد الله، «رسالتان في تاريخ الجزيرة العربية»، مجلة الدارة، (س 3، ع 3، شوال 1397، سبتمبر 1977)، ص148-154.

العثمانية»(1)، وتبرز هذه النزعة في المواقف السياسية عندما تحالف الشيخ جاسم مع عبد الله بن فيصل بن تركي، وسانده ضد أخيه سعود الذي كان مدعومًا من البريطانيين(2)، وظهرت النزعة الدينية عند الشيخ جاسم وإيمانه بالرابطة الإسلامية التي تجمع بين المسلمين في الشعر النبطي المنسوب إليه، إذ كان من شعراء النبط المشهورين وله ديوان شعر نبطي وهو الأول الذي طبع عام 1910 في الهند، ويظهر في شعره نزعته الدينية لتأثره بحركة التوحيد التي دعا إليها الشيخ محمد بن عبد الوهاب وتعكس نظرته للأحوال السياسية في المنطقة التي بدأت تشهد تزايد النفوذ البريطاني فيها، ووقوع معظم مشيخات المنطقة تحت السيطرة البريطانية. ولهذا كانت معظم قصائده سياسية تدور حول المعارك التي خاضها ضد خصومه، ويصف الأوضاع في الخليج بقوله(3):

ولكن ضعف الدين ينبى بما جرى	وللحادثات المقبلات أسباب
فعلينا جنود الشرك والكفر ألبوا	بغربانها وأتباعها وأطواب
فدانت لهم شيخان الأطراف وأذعنت	يسومونهم بالذل سوم عذاب
فلا عالم أنكر ولا حاكم فكر	يعدون شعار المشركين صواب

أ- الموقف من القوى الخارجية (معاهدة السلم البحري وظهور الإمارة عام 1868)

أصبحت قطر بموجب اتفاقية السلم البحري عام 1868 الموقعة مع البريطانيين مشيخة أو إمارة مستقلة غير خاضعة لأي سلطة من جانب جيرانها،

---

(1) محمد مرسي عبد الله، «رسالتان في تاريخ الجزيرة العربية»، مرجع سابق، ص153.

(2) أحمد العناني، المعالم الأساسية لتاريخ الخليج، (مؤسسة الشروق، دولة قطر، 1984)، ص142.

(3) موزة الجابر، الحياة الاجتماعية والاقتصادية 1900-1930، مرجع سابق، ص 293- 298.

فقد وقعها محمد بن ثاني باعتباره شيخًا لقطر، لذلك اعتبر المؤرخون عام 1868 هو البداية الفعلية لظهور قطر ككيان سياسي مستقل، وبداية لحكم أسرة آل ثاني في قطر(1). وشكلت هذه الاتفاقية الأساس الذي ارتكزت عليه علاقة بريطانيا مع قطر لأول مرة كزعامة سياسية تمثل القبائل القطرية(2)، وأدخلتها في النظام التهادني مع بريطانيا عندما التزم الشيخ محمد بن ثاني مع شيوخ قبائل قطر في الحفاظ على السلم البحري في المنطقة، ولم يُحقق البريطانيون النفوذ الذي كانوا يتطلعون إليه على قطر بموجب هذه الاتفاقية(3) إذ إن الشيخ محمد بن ثاني وابنه الشيخ جاسم كانا متحفظين على العلاقة مع بريطانيا، لما تمثله من قوة احتلال تمس جوهر عقيدتهم الإسلامية مستغلين بذلك موقع بلادهم الجغرافي كحد فاصل بين النفوذ البريطاني والنفوذ العثماني في المنطقة(4). كما تعارضت اتفاقية السلم البحري مع توجهات الشيخ جاسم السياسية الرامية إلى تحقيق استقلال شبه جزيرة قطر وجمع سكانها على هدف واحد لتكون ركيزة الاستقلال، ومارس البريطانيون ضغوطًا كبيرة ضده بسبب تحالفه مع الدولة العثمانية، فحرضوا آل خليفة لإثارة المشاكل مع قطر بخصوص السيادة على الزبارة(5) فكان له الدور الرئيس في ظهور كيان سياسي متماسك لأول مرة بعد أن كانت

---

(1) الشلق، تطور قطر، مرجع سابق، ص88-89.
(2) محمد عاصي سلمان، العلاقات القطرية - البريطانية 1868-1916، دراسة تاريخية في العلاقات السياسية، أطروحة ماجستير، (مركز دراسات الخليج العربي، جامعة البصرة، أيلول 1989)، ص161.
(3) عبد العزيز عبد الغني، قطر الحديثة، مرجع سابق، ص146.
(4) إبراهيم محمد سليمان، «العلاقات الخارجية لأسرة آل ثاني في مرحلة تأسيس دولة قطر 1868-1949م»، مجلة آداب الفراهيدي، (عدد 26، كلية الآداب، تكريت 2016)، ص273.
(5) رأفت غنيمي الشيخ، «إمارة قطر قبيل الحرب العالمية الأولى»، المجلة التاريخية المصرية، (الجمعية التاريخية المصرية، مصر، 1981)، ص164-165.

هذه المنطقة ولفترات طويله من الماضي معبرًا ومرعى لقبائل شرقي شبه الجزيرة العربية[1].

وبدأت بعد ذلك تتشكل ملامح الإمارة الناشئة في ضوء محددات مهمة تتعلق بالجغرافيا والدين والسيادة والاستقلالية، والتي كان لها دورها الأساسي في رسم توجهات هذه الإمارة وعلاقاتها، وظهرت جلية من خلال العلاقة مع العثمانيين منذ وصول حملتهم إلى الأحساء عام 1871، إذ بدأ الشيخ جاسم في العمل على توثيق علاقته مع الخلافة بناء على المنطلقات الدينية، التي تمتع بها ووفق العديد من المحددات وعلى رأسها التحالف مع العثمانيين الذي كان مبنيًا على أساس ديني نابع من تمسك الشيخ جاسم بعدم موالاة غير المسلمين[2] مفضّلاً بذلك قبول الحماية العثمانية على قطر بين عامي 1871-1915 ومبتعدًا عن البريطانيين[3]، كما أراد الاستفادة من نعمة العدالة العثمانية[4] ومواجهة محاولات آل خليفة لمد نفوذ لهم على قطر بمساعدة الإنجليز[5]، إذ كانت العلاقات بين البحرين وقطر منذ بداية تأسيس الإمارة يُسيّرها المقيم البريطاني حسب مصالح واتجاهات السياسة البريطانية، ولكن كلمة المقيم أصبحت غير مقبولة في قطر، فتأسست بذلك معارضة الهيمنة البريطانية على شكل «هوية» قطرية تساندها قبائل قطر من خلال التفافها حول مركزية مستقلة يقودها الشيخ جاسم بن محمد بن ثاني[6].

---

(1) أحمد العناني، المعالم الأساسية لتاريخ الخليج، مرجع سابق، ص172.

(2) عبد القادر القحطاني، دراسات في تاريخ الخليج العربي الحديث والمعاصر، ط1 (المجلس الوطني للثقافة والفنون والتراث، مطابع رينود الحديثة، الدوحة، 2008)، ص47.

(3) إبراهيم سليمان، العلاقات الخارجية، مرجع سابق، ص273.

(4) قورشون، قطر في العهد العثماني، مرجع سابق، ص82-83.

(5) المرجع نفسه، ص89-90.

(6) عبد العزيز عبد الغني، قطر الحديثة، مرجع سابق، ص147.

واستطاع الشيخ جاسم إدارة الوضع السياسي في قطر في ظل تنافس واسع بين القوى المحلية في المنطقة من جهة والقوى الدولية، التي تتنافس لبسط السيطرة على المنطقة في ظل التداخلات الموجودة بين هذه القوى والإنجليز في الخليج والبحرين وساحل عمان والدولة السعودية، ومحاولات فرض النفوذ للعثمانيين ومحاولات تعزيز وتوسيع النفوذ ومواجهة الإنجليز[1]. ومثّل ذلك أحد التحديات التي واجهت الشيخ جاسم في كيفية التعامل مع العثمانيين والإنجليز[2]. وفي ظل إيمان الشيخ جاسم بأهمية السيادة والاستقلالية فإنه عمل على ترسيخ هذا الإيمان في نفوس القبائل القطرية، وظهر ذلك مبكرًا خلال الجهود التي قام بها إلى جانب والده في قيادة القبائل القطرية وتوحيدها لتأسيس إمارة مستقلة في ظل مواجهة محاولات قوى الجوار لمد نفوذها على قبائل قطر وأرضها، وأصبح هذا التوجه أساسًا ثابتًا للهوية السياسية لإمارة قطر ترتكز عليه علاقاتها الخارجية منذ تأسيسها حتى يومنا هذا.

واتضحت ملامح الهوية السياسية الاستقلالية في قطر قبل ظهور الإمارة عندما تعرّض أحد شيوخ قبيلة النعيم علي بن ثامر للاعتداء من ممثل آل خليفة في الوكرة، حيث طلبت القبيلة المساعدة من الشيخ جاسم الذي نشر «البيرق، وكان لون علمه أحمر يعلوه خط أبيض»، وهو مخالف لعلم آل خليفة» ولعل تبني جاسم علمًا مختلفًا عن آل خليفة المرتبط بما نصت عليه اتفاقية 1810 العامة للسلام فيه دلالات مهمة تمثل بداية العمل نحو الاستقلالية عن تلك القوة التي راحت توالي غير المسلمين[3]. وبعد تأسيس الإمارة ظهرت كذلك في مواقف عديدة ضد البريطانيين وضد العثمانيين.

---

(1) قورشون، قطر في العهد العثماني، مرجع سابق، ص67-83.

(2) أحمد العناني، المعالم الأساسية لتاريخ الخليج، مرجع سابق، ص149- 150.

(3) عبد العزيز عبد الغني، قطر الحديثة، مرجع سابق ص122.

فقد رفض موالاة الإنجليز(1)، فبدأ البريطانيون بممارسة الضغوط على قطر بعد تحالف الشيخ جاسم مع العثمانيين عقب وصول الحملة العثمانية على الأحساء ومن ذلك فرض ضرائب تقدر بـ 9000 ريال، وحضرت السفينة الإنجليزية إلى قطر للمطالبة بدفعها، فرفض الشيخ جاسم دفع الضريبة المطلوبة، ورد على البريطانيين «إننا تحت هذه الراية، وطالما أنها هنا فلن نعترف بسواها» قفلت السفينة الإنجليزية بعدها راجعة دون أن تحقق أهدافها(2)، ومثّل ذلك موقفًا قويًا وجريئًا من الشيخ جاسم في مواجهة السياسة البريطانية في المنطقة، وموقفًا واضحًا في الاعتزاز بالراية العثمانية راية الخلافة.

وفي أواخر عام 1881، كان البريطانيون على موعد مع موقف آخر للشيخ جاسم يتجلى فيه التصدي لنفوذهم في المنطقة. كان ذلك عندما رفض السماح للرعايا البريطانيين من التجار البانيان (الهنود) ممارسة نشاطهم في المنطقة دون دفع الالتزامات المالية المترتبة على أنشطتهم التجارية، ومزاحمتهم أهل البلاد بما يمتلكون من ثروات ضخمة وتعاملهم بالربا لتمويل عمليات الغوص وهو نشاط أصبح وقفًا عليهم لرفض المسلمين هذا اللون من الكسب، ورأى البريطانيون في الخطوة التي قام بها الشيخ جاسم تهديدًا لنفوذهم بالخليج، وخشي البريطانيون أن تمتد سياسة طرد التجار الهنود من قطر إلى باقي إمارات الخليج(3). هذه المواقف السياسية تجاه البريطانيين ما كانت لتتم بهذا الشكل وبهذه الصورة قبل قدوم الحملة العثمانية على الأحساء ودخول

---

(1) المرجع نفسه، ص146.
(2) قورشون، قطر في العهد العثماني، مرجع سابق، ص84.
(3) محمد مرسي عبد الله، رسالتان في تاريخ الجزيرة العربية، مجلة الدارة، س 3، ع 3 (شوال 1397، سبتمبر 1977)، ص148-154، ص149-150.

قطر ضمن الحماية العثمانية، لذلك كان دخول قطر عام 1868 في علاقة مع البريطانيين بموجب انضمامها إلى معاهدات السلم كآخر إمارة من إمارات الخليج العربي؛ حدثًا أملته ظروف سياسية وتطورات مرتبطة بعوامل خاصة بالمنطقة والقوى الداخلية والخارجية فيها، إذ اعترف فيها البريطانيين بزعامة آل ثاني في قطر، ومثّل ذلك بنظر المؤرخين بداية لإمارة سياسية مستقلة على أرض قطر تحت حكم أسرة آل ثاني.

وظهرت سياسة الشيخ جاسم الاستقلالية تجاه حلفائه العثمانيين الذين حاولوا فرض تنظيمات جديدة سوف تؤدي إلى توسيع نفوذهم على حساب النفوذ السياسي لشيخ قطر[1] إذ بدأ العثمانيون بتشديد قبضتهم على قطر ما بين عامي 1889-1892 من خلال العمل على فرض تنظيمات منها تأسيس دائرة لتحصيل الجمرك عام 1887 وفرض إدارة تركية مباشرة عام 1889[2]، من خطوات رأى فيها الشيخ جاسم تهديدًا للسيادة والاستقلالية التي عمل على ترسيخها عند القبائل القطرية[3] ونتيجة لرفض الشيخ جاسم هذه التنظيمات وإصرار والي البصرة على تنفيذها في قطر أدى ذلك إلى استقالة الشيخ جاسم من وظيفة القائمقامية ومغادرة الدوحة[4]، ثم الصدام مع العثمانيين عام 1893 في معركة اشتهرت عند أهل قطر باسم «هبة قطر» على الأتراك[5] وحقق

---

(1) قورشون، قطر في العهد العثماني، مرجع سابق، ص111.

(2) مجموعة من المؤلفين، الشيخ عبد الله بن جاسم آل ثاني، قصة قائد، (مطبوعات متحف قطر الوطني، قطر، 2013)، ص86-87، عبد العزيز عبد الغني، قطر الحديثة، مرجع سابق، ص571.

(3) إبراهيم سليمان، العلاقات الخارجية، مرجع سابق، ص272-277.

(4) لجنة كتابة تاريخ قطر، وثائق التاريخ القطري، الشؤون القطرية من سنة 1873-1904، جي. آي. سالدانا، تعريب أحمد العناني، إشراف ناصر محمد العثماني ص153-157.

(5) إبراهيم شهداد، «جاسم الكبير وسياساته في فرض الشخصية الاستقلالية لإمارة قطر»، دراسة تحليلية، (قدمت ضمن أبحاث الندوة التاريخية المصاحبة لاحتفالات اليوم الوطني، دولة قطر)، ص143.

فيها الشيخ جاسم والقبائل القطرية انتصارًا كبيرًا على العثمانيين[1]، وحاول البريطانيون استغلال ما حصل في الوجبة بعرض الحماية البريطانية على قطر، إلا أن الشيخ جاسم بقي على ولائه لدولة الخلافة رافضًا الحماية البريطانية[2].

ب- السكان في قطر في العصور القديمة

نظرًا لطبيعة الموقع الجغرافي لقطر الذي يربط الخليج مع شبه الجزيرة العربية ويعد البوابة إلى شرق الخليج وشماله وجنوبه. فقد أتاح ذلك عبور مجموعات بشرية إلى المنطقة منذ أقدم العصور ومرورًا بالعصر الإسلامي وانتهاء بالعصر الحديث. ففي العصور القديمة وردت في بعض المراجع إشارات تفيد بأن أول من سكن السواحل القريبة للخليج ومنها قطر هم الكنعانيون ومنهم الفينيقيون، وكانوا يقطنون سواحل الخليج الغربية قبل نزوحهم إلى سواحل الشام وفلسطين استنادًا إلى ما أورده المؤرخ اليوناني هيرودوتس 484-425 ق.م والجغرافي الروماني استرابو 64 ق.م - 19 م[3]، ويدعم هذا الرأي ما ورد حول أن استقرار الكنعانيين في سواحل الخليج وربما ارتبط هذا بتوفر بعض الينابيع العذبة في المنطقة، وظهر ذلك من خلال وجود المراعي الخضراء والمرابع الصالحة للسكنى والإقامة فيها[4].

---

(1) المرجع نفسه، القحطاني، دراسات في تاريخ الخليج، مصدر سابق، ص22- 26.، وثائق التاريخ القطري، مصدر سابق، ص 168-174، العناني، المعالم الأساسية لتاريخ الخليج، مرجع سابق، ص152-163.

(2) عبد العزيز عبد الغني، قطر الحديثة، مرجع سابق، ص571، إبراهيم سليمان، العلاقات الخارجية، مرجع سابق ص272-277 أحمد العناني، المعالم الأساسية لتاريخ الخليج، مرجع سابق، ص152.

(3) الدباغ، قطر ماضيها وحاضرها، مصدر سابق، ص21-22، وانظر المصدر نفسه، ص128.

(4) محمد سعيد المسلم، ساحل الذهب الأسود، دراسة تاريخية إنسانية لمنطقة الخليج العربي، ط2 (دار مكتبة الحياة، بيروت، د.ت)، ص61-63.

وفي فترة ما قبل الإسلام كان أغلب السكان من القبائل العربية وهم من بني عامر بن عبد القيس ثم انضم إليهم فيما بعد بنو سعد بن زيد مناة بن تميم، واستمرت القبيلتان تسكنان قطر حتى بعد دخول الإسلام[1] كما استقر في قطر خلال نفس الفترة قبائل من بني تميم ومركزهم في نجد ويمثلون الامتداد العربي، وكان انتشار هذه القبائل ووجودها قد امتد إلى سواحل الخليج العربي[2]، وبذلك تكون قطر ضمن شرق الجزيرة العربية وتكوينها البشري من بني عبد القيس وبكر بن وائل وبني تميم[3].

وفي العصر الحديث استمر التدفق العربي الذي عزز من الهوية العربية للسكان في قطر، إذ كانت قبائل قطر والأحساء امتدادًا للقبائل في شبه الجزيرة العربية، فقد وردت في الوثائق البرتغالية إشارة إلى قبيلة آل مسلم القطرية عام 1545م وكان نيبور أول من ذكر هذه القبيلة مباشرة كما ذكر أنها كانت قبيلة مستقلة تمامًا[4].

ج- الهجرات السكانية

أدت الهجرات التي شهدتها قطر قبل القرن السابع عشر وبعده إلى تحوُّل ديمغرافي كانت له تبعاته الواسعة على قطر[5]، ففي أواخر القرن السابع عشر الميلادي اجتاحت منطقة نجد موجة من القحط والجفاف نتج عنها هجرة العديد من القبائل التي شكلت فيما بينها تحالفًا اشتهر باسم

---

(1) الدباغ، قطر ماضيها وحاضرها، مصدر سابق، ص137-139، ص 79-81. سيف المريخي، الحياة الاقتصادية في قطر. محمد سعيد المسلم، ساحل الذهب الأسود، مرجع سابق ص40.

(2) الدباغ، قطر ماضيها وحاضرها، مصدر سابق، ص136.

(3) محمد سعيد المسلم، ساحل الذهب الأسود، مرجع سابق، ص119.

(4) ب.ج. سلوت، عرب الخليج في ضوء مصادر شركة الهند الشرقية الهولندية 1602-1784، مرجع سابق، ص60.

(5) مجموعة من المؤلفين، الشيخ عبد الله بن جاسم آل ثاني، قصة قائد، مرجع سابق، ص31.

العتوب[1]، وانتقل هذا التحالف القبلي باتجاه الأحساء ثم فريحة[2]، ثم كان الاستقرار في شمال قطر لحوالي نصف قرن[3]، وبحكم تواجد البريطانيين في منطقة الخليج فقد عُرفت بعض التقارير الصادرة عن مسؤوليهم في المنطقة بالعتوب، حيث أوردت أنه قامت في حوالي عام 1716 ثلاث قبائل معتبرة هي بنو صباح، والجلاهمة وآل خليفة، وقد حركتهم دوافع الكسب، ودواعي الطموح؛ باستحداث عقد بينهم، واتخذوا لهم موقعًا على الساحل الشمالي الغربي من الخليج الفارسي يسمى الكويت، كان بنو صباح في ذلك الوقت أتباعًا للشيخ سلمان بن أحمد، فيما كان بنو الجلاهمة أتباعًا لجابر بن عذبي، وكان بنو خليفة أتباعا لخليفة بن محمد[4]، ويذكر لوريمر أن وصولهم إلى الزبارة كان عام [5]1766، وربما يقصد آل خليفة بعد رجوعهم من الكويت.

وفي إطار التكوين القبلي، فإن الجانب العربي من ساحل شمال الخليج كان يسيطر عليه بنو خالد، ويعترف بنفوذهم آل مسلم في شبه جزيرة قطر، وكذلك العتوب[6].

---

(1) أحمد مصطفى أبو حاكمة، تاريخ الكويت، ط1، (ذات السلاسل، الكويت، 1984)، ص21-23، الخصوصي، دراسات في تاريخ الخليج، ج1 ص98، محمد أحمد عبد الله وآخرون، تاريخ البحرين الحديث، مرجع سابق، ص120 -121، وانظر أيضا:

Lawrence Potter, “Introduction”, in Potter (ed.), The Persian Gulf in History (2009), pp. 1-24. (24 pages).

(2) محمد أحمد عبد الله، تاريخ البحرين الحديث، مرجع سابق، ص120.

(3) أبو حاكمة، تاريخ الكويت الحديث، مرجع سابق، ص23.

(4) فرانسيس واردين، وتكملة أعدها الليوتنانت صموئيل هنبلن، مختارات من وثائق حكومة بومباي، مرجع سابق، ص306.

(5) لوريمر، دليل الخليج، القسم السادس، مصدر سابق، ص1991.

(6) ب.ج. سلوت، عرب الخليج في ضوء مصادر شركة الهند الشرقية الهولندية 1602-1784، مرجع سابق، ص71-72.

كما شهدت قطر ثلاث هجرات سكانية أسهمت في تشكل سكانها، كانت الأولى برًا في السبعينيات من القرن الثامن وتمثلت بانتقال فرع العتوب (آل خليفة) من الكويت إلى قطر، أما الثانية فكانت عن طريق البر أيضًا وحدثت في نهاية القرن التاسع عشر عندما هاجرت مجموعات من القبائل نتيجة للتوسع الوهابي من الأحساء إلى قطر، وكانت الثالثة عبر البحر وقدمت على فترات متقطعة من الشواطئ المجاورة لقطر خاصة من الساحل الفارسي، المطل على الخليج، وتمثلت في هجرة عرب الهولة «الحولة» في القرنين 18 و19م[1]‏ وفي أوائل القرن العشرين، انتقلت إلى قطر هجرات فردية وعائلية نتيجة للحروب أو الاضطهاد المذهبي خاصة في فترة صعود حكم رضا شاه، وفي العشرينيات والثلاثينيات من القرن الحالي وصل إلى المنطقة أتباع المذهب السني هاربين من الاضطهاد الديني، ويمكن القول بأن السكان في قطر يعودون بأصولهم إلى قبائل عربية، قدمت إلى البلاد من شبه الجزيرة العربية، ومن الساحل الفارسي، في فترة كانت حركة السكان غير مقيدة، وشكل سكان قطر مع سكان المناطق المجاورة القادمين من شبه الجزيرة العربية ومن الساحل الفارسي وحدات اجتماعية واحدة، ويظهر ذلك من وجود أفرع لنفس القبيلة في قطر، وما يجاورها من مناطق الخليج[2].

ويظهر الامتداد السكاني المشترك مع شبه الجزيرة العربية وأواسطها من خلال الواقع الذي أصبح عليه السكان في قطر خاصة في ظل نشأة التكوين السياسي فيها تحت زعامة أسرة آل ثاني، فأغلب السكان في قطر ينتمون إلى

---

(1) Ahmed al-Dailami, "'Purity and Confusion': The Hawala between Persians and Arabs in the Contemporary Gulf", in Potter (ed.), The Persian Gulf in Modern Times (2014), pp. 299-326 | 28 pages.

(2) موزة الجابر، الحياة الاجتماعية والاقتصادية 1900-1930، مرجع سابق، ص216- 218.

قبائل ترتبط في نسبها بالقبائل العربية القحطانية والعدنانية، ومن خلال تتبع القبائل التي يتشكل منها النسيج السكاني القطري نجد أن التوزيع يشمل القبائل التي تتفرع من بني تميم، المعاضيد ومنهم أسرة آل ثاني[1] والبوكوارة (أبناء عمومة مع المعاضيد)[2] ووصفوا بأنهم من أكبر القبائل[3]، والمنانعة، ويشتركون في النسب مع المعاضيد السلطة[4] وهي من أكبر التجمعات القبلية[5]، والنعيم، من القبائل الكبيرة في الخليج من بني تميم، المطاريش[6].

والقبائل التي تتفرع من بني خالد: آل مسلم[7]. من أعرق من سكن قطر في تاريخها الحديث الحميدات[8] البوعينين، وقد شاركوا في تأسيس الدوحة[9]، والعمامرة من بني خالد[10] أما القبائل التي تتفرع من القحطانية

---

(1) المرجع نفسه، ص226-227، لوريمر، دليل الخليج، مصدر سابق، ج4 ص1393-1394. عبد العزيز عبد الغني، قطر الحديثة، مرجع سابق، ص34-37.

(2) المرجع نفسه، ص37-38.

(3) موزة الجابر، الحياة الاجتماعية والاقتصادية 1900-1930، ص230. لوريمر، دليل الخليج، مصدر سابق، ج6 ص1986-1987.

(4) عبد العزيز عبد الغني، قطر الحديثة، مرجع سابق، ص39.

(5) لوريمر، دليل الخليج، مصدر سابق، ج7 ص2405. موزة الجابر، الحياة الاجتماعية والاقتصادية 1900-1930، ص227.

(6) المرجع نفسه، ص236. لوريمر، دليل الخليج، مصدر سابق، ج5، ص1714 و1719. عبد العزيز عبد الغني، قطر الحديثة، مرجع سابق، ص40 وص43.

(7) موزة الجابر، الحياة الاجتماعية والاقتصادية 1900-1930، ص230.

(8) عبد العزيز عبد الغني، قطر الحديثة، مرجع سابق، ص32، موزة الجابر، الحياة الاجتماعية والاقتصادية 1900 -1930 ص230.

(9) المرجع نفسه، ص222، عبد العزيز عبد الغني، قطر الحديثة، مرجع سابق، ص32، لوريمر، دليل الخليج، مصدر سابق، ج6، ص1985.

(10) موزة الجابر، الحياة الاجتماعية والاقتصادية 1900-1930، مرجع سابق، ص230، لوريمر، دليل الخليج، مصدر سابق، ج1ص 88، عبد العزيز عبد الغني، قطر الحديثة، مرجع سابق، ص32.

فبنو هاجر⁽¹⁾، وكذلك المهاندة مع أن البعض يرجع نسبهم إلى قضاعة⁽²⁾، وهي قبيلة كبيرة العدد⁽³⁾. والسودان⁽⁴⁾ والحرمي من قحطان وهي من القبائل العربية التي استوطنت الساحل الفارسي وكانوا على حكم البحرين⁽⁵⁾ والكبسة يرجع البعض نسبهم إلى قحطان⁽⁶⁾ والمرة كانت مراكزها الأساسية في جنوب الأحساء⁽⁷⁾، والبعض يعيد نسبها إلى قحطان⁽⁸⁾.

وإلى جانب هذه القبائل العربية استقرت في قطر قبيلة المناصير وهي من أوائل القبائل التي نزلت فيها وتلتقي حدودها بمشيخة أبو ظبي وتنقسم إلى قسمين؛ قسم في عمان ويتبع شيخ أبو ظبي وقسم يسكن قطر ويدين لشيخ قطر⁽⁹⁾، والبنعلي من بني سليم⁽¹⁰⁾، أما العجمان فتوجد أصول لها في شرق الجزيرة العربية ومقرها الرئيس الأحساء وكان بعض فروعها يستقر في قطر في الشتاء، والسادة الذين ينتسبون إلى زين العابدين بنَ الحسين بن علي بن

---

(1) المرجع نفسه، ص40، موزة الجابر، الحياة الاجتماعية والاقتصادية 1900-1930، مرجع سابق، ص235، 236.

(2) عبد العزيز عبد الغني، قطر الحديثة، مرجع سابق، ص 40.

(3) لوريمر، دليل الخليج، مصدر سابق، ج4، ص146، موزة الجابر، الحياة الاجتماعية والاقتصادية 1900-1930، مرجع سابق، ص227 - 228.

(4) المرجع نفسه، ص 228، عبد العزيز عبد الغني، قطر الحديثة، مرجع سابق، ص41، لوريمر، دليل الخليج، مصدر سابق ج7 ص 240.

(5) عبد العزيز عبد الغني، قطر الحديثة، مرجع سابق، ص43.

(6) المرجع نفسه، ص42، لوريمر، دليل الخليج، مصدر سابق، ج3 ص1248، موزة الجابر، الحياة الاجتماعية والاقتصادية 1900-1930، مرجع سابق، ص229.

(7) المرجع نفسه، ص235- 236.

(8) عبد العزيز عبد الغني، قطر الحديثة، مرجع سابق، ص41.

(9) موزة الجابر، الحياة الاجتماعية والاقتصادية 1900-1930، مرجع سابق، ص235.

(10) المرجع نفسه، ص223، لوريمر، دليل الخليج، مصدر سابق، ج6.

أبي طالب⁽¹⁾ والخليفات ويرجع البعض نسبهم إلى بني عبيدة في اليمن⁽²⁾، والبورميح⁽³⁾، والكعبان الذين ينتسبون إلى هوازن العدنانية⁽⁴⁾، والمرازيق، والحمادي، والعبيدلي وجميعهم من عرب الساحل الفارسي الذين وفدوا إلى نجد من اليمن⁽⁵⁾، والعبيدان ربما كانوا من العرب القادمين من منطقة عبدان⁽⁶⁾ والدرويش والجيدة والفخرو، والعثمان والخال وآل حسن وآل النعمة، والجابر والمفتاح والجفيري، جميعهم من وجهاء عرب الساحل الفارسي واشتهروا بالتجارة فكانوا من التجار والأعيان⁽⁷⁾، والقبيسات وبو فلاسة والمزاريع، من بني ياس⁽⁸⁾ والمضاحكة وينتسبون إلى الضحاك بن قيس⁽⁹⁾، والبقاقلة، والبحارنة وينتسبون إلى قبائل عربية تنتهي في نسبها إلى قبيلة عبد القيس⁽¹⁰⁾، وعرب نجد من الوهابيين واشتهروا على اختلاف قبائلهم بالنجادة، وهم مجموعات قبلية وفدت إلى قطر من خلال نجد تنتهي في نسبها إلى القبائل العدنانية والقحطانية⁽¹¹⁾، والهولة (الحولة)، وهي

---

(1) عبد العزيز عبد الغني، قطر الحديثة، مرجع سابق، ص42.
(2) المرجع السابق نفسه، موزة الجابر، الحياة الاجتماعية والاقتصادية 1900-1930، مرجع سابق، ص228، مصدر، دليل الخليج، مصدر سابق، ج3 ص1251.
(3) عبد العزيز عبد الغني، قطر الحديثة، مرجع سابق، ص42.
(4) المرجع نفسه، ص43، موزة الجابر، الحياة الاجتماعية والاقتصادية 1900-1930، ص236، لوريمر، دليل الخليج، مصدر سابق، ج6 ص198.
(5) عبد العزيز عبد الغني، ص43.
(6) المرجع نفسه.
(7) المرجع نفسه.
(8) المرجع نفسه.
(9) لوريمر، دليل الخليج، مصدر سابق، ج4 ص1400، موزة الجابر، الحياة الاقتصادية والاجتماعية، مرجع سابق، ص231.
(10) المرجع نفسه، ص224، لوريمر، دليل الخليج، مصدر سابق، ج6، ص257-258.
(11) عبد العزيز عبد الغني، قطر الحديثة، مرجع سابق، ص43 - 44.

جماعات تنتمي إلى قبائل عربية هاجرت من الساحل العربي إلى الساحل الفارسي[1]، والمريخات[2]، وآل بن مقلة[3]، والزنوج والأرقاء والعتقاء[4] الزنوج[5]، وقد عاشت هذه القبائل والجماعات متجانسة عرقًا وثقافة[6]، ويضيف الوافدون في وجودهم على أرض قطر عنصرًا آخر في التكوين السكاني فمنهم جاء إلى قطر بقصد الاستقرار والعمل فيها ومعظمهم من إيران، مع الأخذ بعين الاعتبار أن الهوله هم جزء من سكان الخليج تاريخيًا في القرنين الثامن عشر والتاسع عشر وهجرتهم إلى إيران كانت نتيجة القحط والجفاف في شبه الجزيرة العربية[7]، وبلغ عددهم في أوائل القرن العشرين 425 نسمة ويتركزون في الدوحة والوكرة[8]. كما جاء إلى قطر وافدون من نجد والأحساء والبصرة بقصد العمل في موسم الغوص، وبعد الانتهاء من الموسم يعودون إلى مواطنهم. وكان للحركة الوافدة تأثيرات في المجتمع

---

(1) لوريمر، دليل الخليج، مصدر سابق، ج2، ص 945-946، موزة الجابر، الحياة الاقتصادية والاجتماعية، مرجع سابق، ص225-226.

(2) المرجع نفسه، ص232، لوريمر، دليل الخليج، مصدر سابق، ج4، ص1459 و1460 و1615.

(3) المرجع نفسه، ج4، ص1447، موزة الجابر، الحياة الاقتصادية والاجتماعية، مرجع سابق ص231.

(4) عبد العزيز عبد الغني، قطر الحديثة، مرجع سابق، ص44.

(5) المرجع نفسه، موزة الجابر، الحياة الاقتصادية والاجتماعية، مرجع سابق، ص 232 لوريمر، دليل الخليج، مصدر سابق، ج6، ص1987.

(6) عبد العزيز عبد الغني، قطر الحديثة، مرجع سابق، ص31-44، انظر أيضًا لوريمر دليل الخليج، مصدر سابق، الأجزاء 1،2،3،4،5،6، موزة الجابر، الحياة الاقتصادية والاجتماعية، مرجع سابق، ص222-236.

(7) Ahmed al-Dailami, "'Purity and Confusion': The Hawala between Persians and Arabs in theContemporary Gulf", in Potter (ed.), The Persian Gulf in Modern Times (2014), pp. 299-326 | 28 pages.

(8) موزة الجابر، الحياة الاجتماعية والاقتصادية 1900-1930، مرجع سابق، ص 232.

من الناحية الديمغرافية والاقتصادية، أما من الناحية الاجتماعية فتؤدي الحركة الوافدة إلى زيادة الصلات الاجتماعية بينهم وبين السكان خاصة أن بعضهم يستقر في قطر وهذا بدوره يؤدي إلى علاقات جديدة تقوم على المصاهرة[1].

ذكر بالجريف أن سكان البدع عام 1863 كانوا حوالي 6000[2]. وقدرت الحكومة العثمانية سكان قضاء قطر بنحو 10.000 نسمة يقيمون في 4000 بيت[3]، ومعظم السكان على التقسيم الذي أشرنا إليه هم عرب سنة بينهم قليل من البدو، ويوضح أن هذا العدد بما يشمل القطريين يبلغ حوالي 20000 نسمة، وعدد الأوربيين وأغلبهم من الإنجليز حوالي 850 شخصًا، والباكستانيون والهنود يبلغ عددهم حوالي 3800[4] موزعة على مراكز عمرانية تمثلت في البدع، والدوحة، والوكرة، والوسيل، والظعاين، والخور، والحويلة، وفويرط، والغارية، والزبارة، وخور حسان، ولم تتعد مراكز العمران تلك المراكز التي تم ذكرها[5]. هذا التنوع من القبائل والجماعات والأفراد عاشوا على أرض قطر بانسجام ودون صراع ودون نزاع، وهذا يؤكد على عمق الروابط التي جمعت بين هذه القبائل، وتعطي مؤشرًا على أن التماسك الداخلي مؤهل دائمًا إلى أن يكون سدًا منيعًا أمام أية أخطار خارجية تعرضت لها المنطقة في الماضي، وتتعرض له في الحاضر ويمكن أن تتعرض له في المستقبل.

---

(1) المرجع السابق، ص233.
(2) بالجريف، وسط الجزيرة العربية، مصدر سابق ص275.
(3) الدباغ، ماضي قطر وحاضرها، مصدر سابق، ص30 ومصدره: الألوسي، تاريخ نجد، تحقيق محمد بهجة الأثري، ط2، (مكتبة مدبولي القاهرة، د.ت)، ص40.
(4) الدباغ، ماضي قطر وحاضرها، مصدر سابق، ص31.
(5) مجموعة من المؤلفين، الشيخ عبد الله بن جاسم آل ثاني، قصة قائد، مرجع سابق، ص32-34.

رابعًا: التكوين السكاني في قطر

المكون الأول: القبيلة

عادة ما تستقر في الحي نفسه الذي تعيش فيه الأسرة الرئيسة، فكان أبناء الحي الواحد يؤلفون أسرة واحدة وينتمون إلى القبيلة نفسها، وغالبًا ما كانت تلك الأحياء تأخذ نفس اسم العائلة أو القبيلة التي تسكنها، لذلك وصف المجتمع بأنه مجتمع أبوي يعتبر فيها الزوج سيد الأسرة والمسؤول عن تنظيم علاقاتها وشؤونها. وهو الذي يتلقى الانتقاد الشديد من المجتمع إذا تخلى عن مسؤوليته الاجتماعية والاقتصادية، لذلك كانت الأسرة أو العائلة تدين بالولاء المطلق لسلطة الأب أو رب الأسرة الذي كان يعد المؤسس الحقيقي لها، وهكذا كان للأسرة دورها البارز، حيث احتلت مكانة بارزة داخل مجتمع يؤمن بقيم تدعو إلى التماسك، والترابط الاجتماعي بين أفراده، ومن ثم لم يعد للفرد الواحد أهمية بدون أسرة أو عائلة أو عشيرة. أما دور المرأة القطرية، فقد عانت مع الرجل وتحملت معه شدة الحياة وقسوتها، وأسهمت بشكل إيجابي حسب وضعها الاجتماعي في الأنشطة الاقتصادية الإنتاجية المختلفة[1].

وقد عبّر بالجريف عن هذا المجتمع القطري المتجانس والمتعاون والمتماسك بقوله: «أهل قطر لا يخاف بعضُهم بعضًا. وقد كان القطريون مشغولين إلى الحد الذي يجعلهم لا يفكرون في الشجار والتناحر»[2]، ونتيجة

---

(1) موزة الجابر، الحياة الاجتماعية والاقتصادية 1900-1930، مرجع سابق، ص200- 205.

(2) بالجريف، وسط الجزيرة العربية وشرقها، مصدر سابق، ص118-119.

مخطط لتوضيح الروابط الاجتماعية للمجتمع القبلي

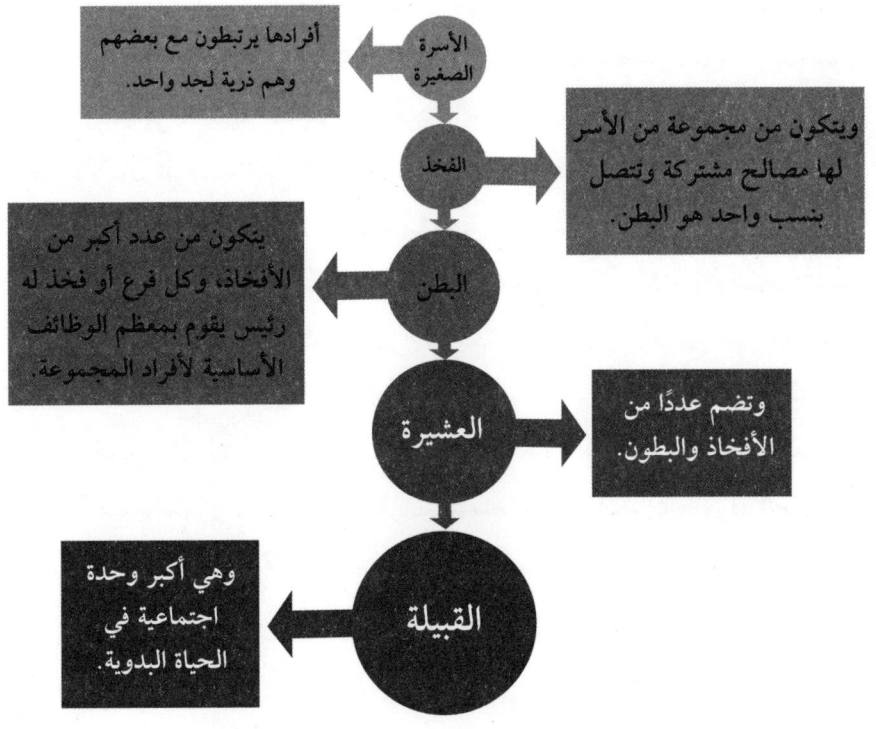

الشكل من إعداد الباحث (المعلومات من موزه الجابر،
الحياة الاجتماعية والاقتصادية 1900-1930، ص 234)

لهذا الوئام بين أبناء القبائل القطرية عمّ الأمن وتعزز في قطر وهذا ما أكده بالجريف عام 1863 أثناء تنقله بين الدوحة والوكرة، من أنه لم يصطحب معه رفيقًا في هذه الرحلة نظرًا لتوفر الأمن في الطرق الساحلية وكثرة الغادين والرائحين في هذه المنطقة التي تطغى فيها أنشطة المال والأعمال[1].

---

(1) بالجريف، وسط الجزيرة العربية، مصدر سابق، ص277.

المكون الثاني: اللغة العربية

هناك من يرى أن اللغة العربية تشمل جميع الناطقين بالضاد وتشمل جميع من يدعون صلة ما بقبائل الجزيرة العربية التي تنحدر منها، أو ينتسبون إليها أو يقتبسون مُثُلها العليا، عن طريق اللغة والأدب[1]. إن اللغة العربية هي أحد الأركان الرئيسة التي تقوم عليها الهوية في قطر منذ أقدم العصور حتى اليوم، خاصة ونحن نتناول جزءًا مهمًا من شبه الجزيرة العربية في امتداداته البشرية على الأرض والسكان منذ أقدم العصور، كما بيّنا وأوضحنا ذلك عند الإشارة إلى أول من سكن قطر ثم استمرار الوجود العربي عبر العصور، وكذلك عند تتبع التعليم في بداياته في قطر عندما كان على شكل كتاتيب حيث يتضح هذا التأكيد في أوضح صوره في هذه الكتاتيب ثم في المدارس التي بدأت بالظهور منذ أواخر القرن التاسع عشر وبدايات القرن العشرين، ذلك أن المواد التعليمية الأساسية آنذاك كانت تتركز على تعليم اللغة العربية قراءة وكتابة، وقد تعرضنا لذلك بالمناقشة في سياق الحديث عن التعليم ودوره في تعزيز الهوية العربية والإسلامية[2].

---

[1] اللغة والهوية في الوطن العربي، إشكاليات تاريخية وثقافية وسياسية، المركز العربي للأبحاث ودراسة السياسات، الرابط الإلكتروني للمعلومات، https://tinyurl.com/y6qtyhxp.

[2] موزة الجابر، الحياة الاجتماعية والاقتصادية 1900-1930، مرجع سابق، ص276.

خامسًا: تعزيز الهوية العربية والإسلامية

1. التعليم ودور المساجد والكتاتيب

كان للتعليم دور رئيس في المحافظة على الهوية العربية والإسلامية وظهر ذلك من خلال كل ما يتعلق بالتعليم، بدءًا من الحلقات في المساجد ثم الكتاتيب، ومن القائمين على التعليم فيها ممن كانت صفتهم الأساسية هي الصفة الدينية، وكذلك المواد التعليمية التي كانت تدرس. لقد أسهمت المساجد والكتاتيب في تخريج أئمة المساجد وتأهيلهم في القراءة والكتابة وقراءة القرآن وبعض أمور الدين، ومن ثم أشرف هؤلاء أو درسوا في الكتاتيب والمدارس التي أنشئت لاحقًا[1].

اشتهرت العديد من الكتاتيب بقطر، ففي عهد الشيخ جاسم كان في قطر نحو عشرة كتاتيب تعلم القرآن والقراءة والكتابة والحساب[2]، وكان الملا أو المطّوع هو الذي يقوم بالعملية التعليمية التي كانت تتم في الغالب في منزل الملا، أو المطوع نفسه، أو المسجد، أو زوايا أحد الدكاكين، أو أروقة السوق في الشتاء. وكانت تلبي احتياجات المجتمع وتزوده بالمطاوعة والأئمة[3].

يترسخ تعزيز الهوية العربية الإسلامية بشكل كبير في ظل الظروف المتاحة لأبناء المجتمع من خلال التعليم في الكتاتيب التي تعد المرحلة الأولى في ظهور التعليم، والتي مرت عبر ثلاث مراحل يتعلم الطالب فيها

---

(1) المرجع نفسه، ص275.

(2) الشيخ عبد الله بن جاسم، قصة قائد، مرجع سابق ص106- 107.

(3) موزة الجابر، الحياة الاجتماعية والاقتصادية 1900-1930، مرجع سابق ص275- 276.

الحروف الأبجدية ثم ينتقل إلى الثانية، ويتعلم فيها القراءة والكتابة ثم ينتقل في الثالثة إلى حفظ القرآن الكريم، واستمر هذا التعزيز للهوية في التعليم في الكتاتيب التي ظهرت لاحقًا، ففي عام 1900، ظهر ثلاثة من الكتاتيب ركزت جميعها على تعليم القرآن الكريم وأصول العبادات وبعض مبادئ اللغة العربية ثم النحو، كما ظهر الجانب الديني واضحًا في المناسبات التي ارتبطت بالمواد التي كانت تدرس حيث يُقام حفل ختم القرآن الذي كان يرافقه مظاهر الفرح والسرور، ويشارك فيها الطلبة زميلهم الحافظ وكذلك الأسرة والأهل والأقارب وسكان الحي[1].

ولقد ظهرت كتاتيب أخرى في قطر إلى جانب الكتاتيب الأولى التي ظهرت عام 1900، وإن المتتبع لانتشارها في أنحاء قطر مع بدايات القرن العشرين يعي أهمية الدور الرئيس للتعليم، فعلى الرغم من بساطته إلا أنه أسهم في تعزيز الهوية العربية والإسلامية بما أتاحته هذه الكتاتيب التي انتشرت في أنحاء قطر وأسهمت في تعزيز الهوية، فظهرت سبعة كتاتيب في الدوحة وكُتّابان في الوكرة وكُتّاب واحد في كل من الخور، والذخيرة، الظعاين، والرويس[2].

وفي العام 1913 استُقدم الشيخ محمد بن مانع إلى قطر وكُلّف بالإشراف على إنشاء مدرسة يتعلم فيها طالب العلم مواد علمية متنوعة مثل اللغة العربية والأدب والحساب والعلوم الدينية كالفقه والتفسير والسنة النبوية[3]، وعُرفت بالمدرسة الأثرية 1913-1938 وقد جمع المشرف على التعليم في المدرسة بين القضاء والإمامة في المسجد، حيث كان يدرس

---

(1) المرجع نفسه، ص276-283.

(2) المرجع نفسه، ص83.

(3) الشيخ عبد الله بن جاسم، قصة قائد، مرجع سابق، ص108.

في المدرسة طوال الفترة الصباحية ويلقي في الفترة المسائية دروسه في المسجد، وقد اشتملت هذه المدرسة على مناهج أساسية هي امتداد لنوعية التعليم الذي كان سائدًا في الكتاتيب وذلك بالتركيز على تدريس العلوم الشرعية مثل علوم القرآن الكريم، والتوحيد، والفقه، وعلوم الحديث الشريف، كما يظهر امتداد التوجه الوهابي وبروزه بشكل واضح في التعليم وقد يكون ذلك مرتبطًا بالشيخ محمد المانع، ففي التوحيد كان يدرس كتاب (كشف الشبهات) للإمام محمد بن عبدالوهاب وشرح التوحيد فتح المجيد للشيخ عبدالرحمن بن حسن آل الشيخ. أما كتب الفقه فكانت نيل المآرب شرح دليل الطالب في الفقه الحنبلي للشيباني، وكشاف القناع، وشرح متن الإقناع للشيخ منصور بن حسن البهوتي، والمقنع في الفقه الحنبلي لابن قدامة. وفي إطار تعزيز الهوية العربية وارتباطها بالهوية الإسلامية، توجه القائمون على التعليم في المدرسة إلى التوسع في تدريس علوم اللغة العربية مثل (فقه اللغة، وقواعدها؛ مثل النحو والصرف بالإضافة إلى البلاغة والأدب نثرًا وشعرًا) أما كتب اللغة العربية فكانت تشمل الآجرومية وشرحها للكفراوي، وشرح القطر لابن هشام الأنصاري، وألفية ابن مالك مع شرح ابن عقيل عليها[1].

وأسهمت المدرسة الأثرية في تخريج العديد من رجال التعليم والقضاء والتجار في قطر مما أسهم في المحافظة على هويتها، كما أثرت المدرسة الأثرية في نشر التعليم في المناطق المجاورة لقطر، حيث التحق بها طلبة العلم من الإمارات المجاورة، فمن نجد التحق بها عدد من طالبي العلم وكان على رأسهم القاضي عبد الله بن زيد آل محمود الذي استقر في قطر وعمل رئيسًا للمحاكم الشرعية، والتحق بها أيضًا عدد من أبناء الشارقة حيث قام أحد

---

(1) موزة الجابر، الحياة الاجتماعية والاقتصادية 1900-1930، مرجع سابق، ص284- 286.

تجار الشارقة بإرسال عشرين طالبًا للدراسة على نفقته ومكثوا في الدوحة خمس سنوات كما ضمت المدرسة طلابًا من سكان الساحل الفارسي[1].

وامتدادًا لهذا الدور الرئيس للتعليم في تعزيز الهوية فإن عددًا من أبناء قطر انتقلوا إلى طلب العلم في كل من الأحساء والبحرين ونجد، ومنهم الشيخ عبد الرحمن بن عبد الله بن أحمد بن درهم صاحب مؤلف «نزهة الأبصار بطرائف الأخبار والأسفار» وهو أحد مشايخ الدين المعروفين في قطر، بعثه الشيخ جاسم بن محمد إلى الرياض بعد أن أنهى حفظ القرآن، حيث تتلمذ على يد الشيخ عبد الله عبد اللطيف آل الشيخ وظل في الرياض سنة كاملة عاد بعدها إلى قطر[2].

ولم يتوقف تعزيز الهوية من خلال التعليم على المساجد والكتاتيب والمدارس الأهلية، وإنما ظهرت أيضًا المكتبة التي تم إلحاقها بالمدرسة والتي ضمّت العديد من الكتب الإسلامية وكان يُحضرها التجار من بومباي، وبغداد والبصرة والشام، وتركزت نوعية الكتب في الموضوعات الدينية والتراثية والأدبية[3].

وأسهمت المجالس القطرية في التعليم، حيث كان يفد على هذه المجالس الكثير من العلماء خاصة من الساحل الفارسي، ووفد إلى قطر الكثيرون من المعلمين (المطاوعة) الذين تلقوا دراستهم الدينية في مدارس لنجة التي كان يمولها التجار العرب السُّنة، وكان رواد المجالس يتباحثون في الأدب والشعر والفقه والتاريخ وكانت هذه المجالس مجالًا خصبًا لتثقيف الأبناء[4].

---

(1) المرجع نفسه، ص286-288.

(2) المرجع نفسه، ص288.

(3) المرجع نفسه، ص286.

(4) المرجع نفسه، ص290- 292.

2. القضاء

كان القضاة الذين ينظرون في النزاعات ويقضون فيها بناء على معرفة بالفقه والعقيدة، ذلك أن القضاء اعتمد في تطبيقه على أحكام الشريعة الإسلامية، وجمع القضاة أحيانًا بين جلوسهم للقضاء مع إمامة المسجد والتعليم في الحلقات والتعليم في الكتاتيب، وهذا كله يجعلنا بشكل متواصل أمام هوية متماسكة متجددة.

ففي قطر كان الشيخ يشرف على القضاء، ويعين أحد أبنائه أو أقربائه أو أحد زعماء العشائر الموالية لحكمه ليقوموا بإدارة شؤون القرى البعيدة وحل المنازعات التي تنشأ بين الأفراد[1]، وكان النظام القضائي يسير وفقًا لأحكام الشريعة الإسلامية، وكانت جميع الأحكام شرعية، ومعظم القضايا تتعلق بالزواج والطلاق والإرث وغيره، وكان القائمون عليها بعض رجال الدين الذين يعملون أيضًا أئمةً للمساجد، وقد اتخذ القضاء شكلًا بسيطًا في تلك الفترة فلم تكن توجد محاكم ولا مجلسًا خاصًا للقضاء، بل كانت الجلسات تعقد إما في مجلس القاضي أو في المسجد أو في أي مكان يتفق عليه الأطراف المتخاصمون عند القاضي. وكانت الأحكام تصدر شفاهة، وكان القاضي يتولى كل شيء بمفرده. ويستعين أحيانًا برؤساء القبائل لحل النزاعات وإصدار الأحكام، خاصة في حالة وقوع نزاعات بين عدة أفراد ينتمون إلى قبائل مختلفة، وإذا لم ينجح رؤساء القبائل في حل الخلاف يُرفع الأمر إلى الشيخ ليحسمه بنفسه، كما أسهمت القيم التي كانت سائدة في إنهاء بعض النزاعات وإيقافها وعدم تفاقمها، ومثلت الأعراف والتقاليد السائدة خلال تلك الفترة سلطة قوية مثل سلطة القانون في حل المنازعات.

---

(1) المرجع نفسه، ص214.

3. الثقافة

إن ثقافة المجتمع القطري بشكل عام هي جزء من الثقافة العربية الإسلامية، وبشكل خاص فيها ما يميزها بحكم تداخل العاملين الجغرافي والاقتصادي، إذ انفتح أهل قطر منذ القدم بحكم موقع قطر الجغرافي على

التواصل مع الجوار القريب والبعيد. يظهر ذلك في الثقافة التي جاءت نتاجًا للبيئة الطبيعية ولظروف الإنسان الاقتصادية، ولانتمائه العربي الإسلامي، ولهذا اعتمدت الثقافة بشكل عام على التعليم الديني، وقرض الشعر الفصيح، والشعر العامي (الشعر النبطي)، وأسهم العامل الجغرافي في تكوين علاقات اقتصادية وسكانية أقامها أهل قطر مع شبه القارة الهندية[1] ومع إيران على

(1) Onley J. (2014) Indian Communities in the Persian Gulf, c. 1500-1947. In: Potter L.G. (eds), The Persian Gulf in Modern Times. Palgrave Macmillan, New York: https://doi.org/10.1057/9781137485779_10

الساحل الشرقي للخليج[1]، بالإضافة إلى سواحل إفريقية[2]، لذلك تميز التراث الفكري والثقافي عامة بطابع التهجين لا سيما في الجوانب المادية والفكرية، ويبدو ذلك في المؤثرات الهندية والإيرانية التي ظهرت في مجالات عدة من حياة المجتمع القطري وشملت: الطراز المعماري، والفنون القطرية والخليجية عامة، وأثاث البيوت وأدوات الاستعمال اليومي للناس (مثل الأسِرّة والمناظر «المرايا» التي كانت تزين جدران الغرف، والأبواب، والصناديق الخشبية مثل «الصندوق المبيت» وكلها تحمل المؤثرات الهندية والإيرانية) وهي مزيج من الطابعين المحلي والخارجي، هذا بالإضافة إلى المفردات الفارسية والهندية التي دخلت على اللهجة المحلية للسكان في مجالات عديدة[3].

أما التراث الفكري والفني فقد تأثر أحيانًا بمؤثرات خارجية كما هو الحال في الأغاني والرقصات الشعبية المتأثرة بالفنون الإفريقية والهندية التي دخلت نتيجة التبادلات التجارية، كما أثّرت طبيعة البيئة الصحراوية والساحلية في فنون المجتمع القطري وآدابه لتسهم هي الأخرى في رسم ملامح ثقافة المجتمع القطري، وفي مجتمع الساحل يظهر تأثير البحر والأنشطة الاقتصادية المرتبطة بالغوص وتقاليده بارزة في ثقافة هذا الجزء من المجتمع القطري، ففي بداية الاستعداد للغوص يجتمع البحارة لدفع

(1) John W. Limbert, "Iranian and Arab in the Gulf: Endangered Language, Windtowers, and Fish Sauce", The Sir William Luce Memorial Lecture, Durham University (July 2014), pp. 1-20 | 20 pages.

(2) Mirzai B.A. (2014) Identity Transformations of African Communities in Iran. In: Potter L.G. (eds) The Persian Gulf in Modern Times. Palgrave Macmillan, New York: https://doi.org/10.1057/9781137485779_14.

(3) موزة الجابر، الحياة الاجتماعية والاقتصادية 1900-1930، مرجع سابق، ص275.

السفينة إلى داخل البحر وهم يغنون بحماس كبير ويدفعون السفينة باتجاه البحر ويقولون: «أول ما نبدى نقول ألف الصلاة على الرسول»، وبعد الانتهاء من عملية تطبيع السفينة يرفع الشراع وتسمى الخطفة ويردد البحارة: (يا الله، يا سيد المرسلين). هذه بعض من الأمثلة على الغناء المرتبط بالتراث الشعبي لمجتمع الغوص التي تعكس الثقافة الدينية والاعتماد على الله والطلب منه أن يوفقهم، وأن يجعل مردود الرحلة وفيرًا، كما عرف المجتمع القطري في تراثه الشعبي أغاني السمر التي كانت تعقد في ليالي الشتاء وبعد الانتهاء من موسم الغوص الشاق امتدادًا لحياة البحر والبر(1).

وأسهمت المجالس القطرية الخاصة في الحياة الفكرية والأدبية والثقافية في المجتمع القطري، وكانت هذه المجالس وما تزال جزءًا مهمًا من التراث حيث يكون المجلس منفصلًا عن المبنى الرئيس الذي تسكنه الأسرة ويكون معدًّا لاستقبال الضيوف، وكان أصحاب المجالس يهتمون بتزويد مجالسهم بالكتب الدينية والأدبية وكان رواد المجالس يتباحثون في الأدب والشعر والفقه والتاريخ وكانت هذه المجالس مجالًا خصبًا لتثقيف الأبناء(2).

أما الملابس الخاصة بالرجال والنساء التي تعكس الهوية الخاصة بالمجتمع القطري فقد تميزت بالبساطة وملاءمتها للبيئة، فبالنسبة للرجال تتكون من ثوب أبيض فضفاض مثل (الجلابية)، ويُلبس فوق الرأس الكوفية والغترة والعقال، والبشت وهو عباءة من الصوف تلبس فوق الثوب وتكون مطرزة بخيوط ذهبية في منطقة الصدر والأكمام، وبالنسبة لِلبس المرأة، فإنه تظهر فيه الهوية الدينية بشكل واضح ويشمل (البخنق) غطاء يوضع على الرأس وتلبسه الفتيات الصغيرات، وثوب من الحرير أو القطن أو الصوف

---

(1) المرجع نفسه، ص271- 275.

(2) المرجع نفسه، ص290- 292.

يعرف باسم (الدراعة)، ثم ما يعرف بـ (ثوب النشل) وهو ثوب من الحرير الشفاف أو القطن الخفيف، ويوجد أيضًا (الثوب الميرح) وهو ثوب فضفاض يشبه العباءة، وتلبس النساء كذلك (الملفع) وهو غطاء للرأس أسود اللون، و(البَطُّولة) وهي قناع للوجه يشبه البرقع، وتكون مصنوعة من قماش أسود اللون يستورد خصيصًا من الهند، وعند خروج المرأة من المنزل تلبس العباءة وقد تكون مصنوعة من الحرير أو الصوف ومطرزة على جوانبها بخيوط ذهبية، وكانت الملابس الخاصة بالمرأة منذ الصغر تُظهر انصياعًا تامًا للشرع والعادات والتقاليد فيما يتعلق بالحجاب ووضع البطولة ولبس العباءة عند الخروج من المنزل. أما أدوات الزينة والعطور للنساء فقد كانت تستورد من الهند مثل «دهن العود»، والبخور، وكان هناك أيضًا نوع من البخور الذي يُجلب من البحرين وعمان[1].

وفي مجال الطب الشعبي اشتهر العديد من الرجال والنساء في تقديم الوصفات الشعبية وكذلك الحلاقون فكانوا يقومون بالعلاج بالكي وخلع الأسنان والحجامة، وكثيرًا ما كان الرجال والنساء العارفون بالطب الشعبي يقومون بذلك مجانًا[2].

4. العادات والتقاليد

يصف بالجريف مجتمع البدع عام 1863 بقوله: «بقي أن أقول إن أهل البدع كرماء وأسخياء، ولكن مشكلتهم الوحيدة تتمثل في أن حرفهم تستحوذ عليهم وتشغلهم تمامًا، زد على ذلك، أن الغوص لفترات طويلة بكل ما يكتنفه من العوائق والمصاعب ناهيك عن قضاء الأسابيع والشهور الطوال في

(1) المرجع نفسه، ص250- 253.

(2) المرجع نفسه، ص254- 260.

عرض البحر يجعل الرجال يبدون كما لو كانوا ضعفاء ومنهكين بالكلية»[1] لذلك ارتبطت بمجموعة من القيم والعادات والتقاليد، ففي البحر والسفينة اللذين مثلا محورًا لحياة المجتمع نشأ حولهما الكثير من العادات التي حرص أبناء المجتمع على ممارستها والمحافظة عليها، استمرارًا لحياتهم الاقتصادية والاجتماعية، وكذلك رسخت الممارسات الاقتصادية قيمًا لدى الفئات الاجتماعية المختلفة تمثلت في العلاقات التي سادت المجتمع كالثقة المتبادلة والصدق وقول الحقيقة والوفاء بالدين والأمانة[2].

وكانت أهم هذه التقاليد تلك المتعلقة بالزواج والولادة والختان والوفاة[3] فعلى سبيل المثال لا الحصر، تظهر الهوية الإسلامية خلال التقاليد المتبعة بعد ولادة الطفل في رفع الأذان في الأُذن اليمنى للمولود، ليكون اسم الله ورسوله أول كلمة يجب أن يسمعها، ويرتبط بذلك العديد من التقاليد الخاصة بنحر ذبيحة (وهو ما يعرف بشعيرة العقيقة) بمناسبة المولود الجديد وتوزيع اللحم، ثم الختان، أما فيما يتعلق بالعيدين (عيد الفطر وعيد الأضحى) فقد اتخذ هذان العيدان شكلًا متميزًا حيث تقام فيهما الاحتفالات مثل «العرضة» التي يؤديها الرجال، بينما تخرج النساء لرؤية هذه الرقصات. ومن المناسبات المرتبطة بحياة مجتمع الغوص «يوم القفال»، وهو نهاية الغوص الكبير وكان هذا اليوم يعدُّ يومًا مشهودًا، حيث يعود الرجال الغائبون في رحلة الغوص، فتقام الاحتفالات على الشاطئ وتقدم خلالها الولائم[4]. ومن العادات المحببة عند أهل قطر خاصة الشيوخ والأغنياء منهم الخروج للقنص

(1) بالجريف، وسط الجزيرة العربية، مصدر سابق، ص275، عبد العزيز عبد الغني، قطر الحديثة، مرجع سابق، ص118.

(2) موزة الجابر، الحياة الاجتماعية والاقتصادية 1900-1930، مرجع سابق، ص238.

(3) المرجع نفسه، ص238- 243.

(4) المرجع نفسه، ص243-247.

(ويطلق عليه الكثيرون اسم «المقناص») في أيام الشتاء، حيث كانوا يقضونه في البر للاستمتاع بالصيد[1].

ومن القيم والتقاليد السائدة والمهمة التي تعدُّ إحدى الركائز المميزة للهوية العربية والإسلامية احترام كبار السن، حيث يتمتعون بمنزلة رفيعة عند الجميع ويمثلون الصدارة في المجتمع، فهم مقدمون بالمجلس ومقدمون في الرأي. أما ما يتعلق بعادات تقديم الطعام فإنه يتم تقديمه في صينية واحدة «صحن كبير» أو عدة صوانٍ، إذا كان العدد كبيرًا، ويأكل الجميع بأيديهم من نفس الصينية، أما النسوة فعادة لا يشاركن الرجال في الأكل، بل يأكلن وحدهن[2].

أما الأنشطة البحرية، فقد تأثر بها مجتمع الساحل تأثرًا كبيرًا، مما ساعد على ترسيخ قيم مهمة -كالتعاون والتماسك بين أبناء المجتمع- قامت على أساس من التكافل والتضامن الاجتماعي في الظروف الخاصة بالأعمال والأنشطة التي كان يعمل بها أبناء المجتمع، فإذا ما تعرض أحد أفراد الحي إلى أي مشكلة أو ضائقة مالية هب الجميع لمساعدته. وكان من أشكال التعاون التي سادت خلال تلك الفترة ما يسمى في قطر «بالمفازعة» أي المعاونة وهي تقديم قوى العمل لمن يحتاجها بدون مقابل حيث يجتمع أبناء الحي الواحد ويساعدون بعضهم بعضًا. ظهر ذلك بوضوح في بناء المساكن وحفر الآبار وبناء البيوت وأحيانًا صناعة قوارب صيد السمك، والشِباك الصغيرة وغيرها، فعن طريق هذه العمليات التعاونية، وُجد نوع من التماسك والتضامن بين أبناء الحي الواحد، كما ظهرت أشكال هذا التعاون والتكافل والتضامن بين فريق العمل من الصيادين والغواصة، فعندما كان يتعرض أحدهم للإفلاس،

(1) المرجع نفسه، ص247.

(2) المرجع نفسه، ص248.

كانوا يجمعون الأموال ويقدمونها له، وكذلك الأمر بالنسبة لملاك السفن[1].

وكان للأعراف والتقاليد السائدة خلال تلك الفترة سلطة قوية مثل سلطة القانون في حل المنازعات ومنها تلك القيم المتعلقة «بالسن»، ففي حالة رفض أحد الأطراف الحلول المطروحة لفض النزاع، يذهب مجموعة من كبار السن لإقناعه بقبول الحكم، عندها لا يرد هذه الجماعة إكرامًا لسنهم، ومن القيم أيضًا المتعارف عليها «الدخلة» وتعني الوساطة و«حب الخشم» وتعني تقبيل الأنف، للمبادرة في الاعتذار[2]. هذه القيم كانت أحد الضوابط المهمة التي تقضي على أي نزاعات وتعمل على إيقافها وعدم تطورها.

5. الهوية العمرانية

تظهر العلاقة بين المدن والمراكز الحضرية في موضوع الهوية من خلال التعرف على المدن والمراكز التي ظهرت في قطر وسكانها بما يخدم التأكيد على الهوية، وكذلك النمط المتبع في إنشاء هذه المدن والمراكز الحضرية وهل هناك ما يميزها في التنظيم العمراني. يصف وليم بالجريف مدن قطر خلال زيارته لها عام 1863 بأنها مسورة عن بكرة أبيها تسويرًا جيدًا. كما أن المنخفضات التي توجد تحت هذه القرى تحيط بها أبراج المراقبة، كما توجد في أماكن متفرقة منها قلاع ضخمة مربعة الشكل توحي نوافذها الصغيرة وأبوابها الضيقة بالقوة، وهذه القلاع وصفها بأنها مسطحة وشكلية، والباعث على وجود هذه القلاع أن ثروة قطر وفيرة ولا بد من حمايتها من اللصوص[3]،

---

(1) المرجع نفسه، ص249.
(2) المرجع نفسه، ص267.
(3) عبد العزيز عبد الغني، قطر الحديثة، مرجع سابق، ص118، بالجريف، وسط الجزيرة العربية، مصدر سابق، ص269.

ومصدر هذه الثروة هو البحر الذي يحوي أغنى وأغزر مصائد اللؤلؤ في الخليج إضافة إلى وفرة العطايا الأخرى التي يجود بها البحر لهم، فأهل قطر يعتمدون في حياتهم بشكل أساسي على البحر وليس على البر، ولذلك تركز سكنهم بالقرب من البحر، ونظرًا لتعرض المدن والقرى في قطر للهجمات من القبائل البدوية، تأكدت الحاجة إلى وجود أبراج يلوذون بها على طول الشريط الساحلي الضيق، وكانت هذه الأبراج تتألف من مبانٍ دائرية صغيرة يتردد ارتفاعها بين خمسة وعشرين إلى ثلاثين قدمًا، ولكل منها باب في منتصف جانب البرج وحبال تتدلى ناحية الخارج على شكل سُلّم مختصر، وبذلك كان الرعاة القطريون يستطيعون في حالة الهجوم المباغت اللجوء إلى هذه الأبراج عن طريق هذا السُلّم المختصر طلبًا للحماية، وبعد أن يدخلوا الأبراج يسحبون هذه الحبال، وبذلك يحافظون على حياتهم وحياة من معهم في جميع الأحوال. وبغض النظر عما يمكن أن يحدث لمواشيهم، ذلك لما تكتنفه عملية تسلق حائط يصل ارتفاعه إلى خمسة عشر قدمًا من صعوبة على أكثر البدو عبقرية ومهارة، فإن البدو كانوا أحيانًا يشنون هجماتهم على القرى الرئيسية، ولذلك ظهرت في قطر الحصون القوية أو المعاقل داخل المدن نفسها ومن ثم فكرة الأسوار التي تحيط بهذه المدن[1].

(1) المصدر نفسه، ص270- 272.

النتائج

- الهوية العربية مظاهرها وملامح تشكلها ضاربة في جذور التاريخ أرضًا وسكانًا، وقد مثل الموقع الجغرافي على الدوام رافدًا خصبًا يرفد هذه الهوية عبر العصور من خلال تطورات وأحداث أدت إلى ذلك
- تشكلت الهوية الإسلامية مكملة للهوية العربية لتصبح قطر بأرضها وسكانها جزءًا مهمًا على خريطة الدولة الإسلامية في وقت مبكر؛ إذ تميزت بين جيرانها بأهمية موقعها الجغرافي وأنشطتها الاقتصادية التي عززت من هويتها التي انتشرت في أرجاء العالم الإسلامي.
- عملت جغرافية قطر بحكم الموقع وخصائصه على الحفاظ على عروبتها أرضًا وسكانًا وعلى انتمائها الحضاري وثقافتها الإسلامية عبر التاريخ.
- وفّر الموقع الجغرافي أهمية خاصة لقطر انعكست على تشكل هويتها العربية والإسلامية ضمن الامتداد العربي في الجزيرة العربية مكانيًا، وضمن الامتداد العربي للقبائل العربية في أواسط شبه الجزيرة العربية والتي انتقل جزءٌ من فروعها إلى سواحل الخليج ومنها قطر، فأسبغ على المكان هوية عربية بشرية هي امتداد للأصول العربية في نجد والجزيرة العربية، وكل ذلك كان نتاج الموقع الجغرافي وخصائص امتداده وربطه بين الجزيرة العربية والخليج.
- شهدت أرض قطر مستقِرًا آمنًا للقبائل التي اتجهت لتأسيس تكوينات سياسية في كل من الكويت والبحرين وهذا أيضًا من ملامح الهوية

التاريخية والسياسية لقطر، إذ لا يمكن تناول ظهور التكوينات السياسية في كل من الكويت والبحرين بمعزل عن التناول التاريخي لأرض قطر وسكانها ودورها في احتضان القبائل المهاجرة من نجد هربًا من القحط والجفاف والصراعات وبحثًا عن مكان آمن، فكان الاستقرار في قطر.

- كما كان للموقع الجغرافي أثر كبير في مرحلة الصراع والتنافس بين البريطانيين والعثمانيين وهو ما أسفر عن دخول قطر تحت الحماية العثمانية.

- إن الروابط العميقة والمتينة التي جمعت بين القبائل القطرية هي إحدى السمات الرئيسة المتعلقة بهوية المجتمع القطري وبالانسجام والتماسك الذي كان وما يزال سائدًا بين القبائل القطرية، والذي مثل في الماضي كما هو اليوم سدًا منيعًا أمام أية أخطار خارجية تعرضت لها قطر.

- ضرورة فهم تعقيدات الهوية الوطنية في سياقها الخليجي نظرًا للهويات المتعددة، ودراسة الجهود المبذولة لبناء هويات وطنية متجانسة في منطقة الخليج، فضلًا عن الانخراط في مفهوم النوع الاجتماعي للمواطنة ومشروعات بناء الأمة.

- مثّل توقيع اتفاقية الشيخ محمد بن ثاني (اتفاقية السلم البحري) مع البريطانيين عام 1868 بداية مرحلة جديدة في تاريخ أرض قطر وسكانها، فهو يمثل مرحلة فاصلة بين فترة تاريخية طويلة اعتادت خلالها القوى المحيطة في قطر على فرض النفوذ عليها أو محاولة ذلك، ثم أصبحت بعد عام 1868 إمارة تتمتع بالسيادة والاستقلالية، واستطاعت أن تكون إمارة استثنائية في علاقاتها مع البريطانيين خلال

مرحلة التأسيس من خلال جرأة الشيخ جاسم وشجاعته في تعزيز هوية التصدي للبريطانيين ومواجهة أطماعهم بالتحالف مع العثمانيين.

- الحاجة ملحة ومتجددة لإعادة قراءة الأحداث التاريخية وتحليلها بما يعزز قيم الهوية العربية والإسلامية.

- ضرورة الاعتماد على المنظور التاريخي في تطوير البراهين الفكرية والتصورات وبنائها وصياغتها صياغة واضحة ودقيقة ومناسبة، بما يخدم نشر الوعي بين الشباب بالعوامل والجذور المتعلقة بتشكل الهوية.

- بروز زعامة محلية للقبائل القطرية تمثلت في أسرة آل ثاني التي يعود نسبها إلى المعاضيد من بني تميم. وقد أسهم هذا في التقارب والانسجام الذي ساد العلاقة بين القبائل القطرية وزعامتها مما أدى إلى توجيه العصبية القبلية لمصلحة بناء الإمارة السياسية، والمحافظة على سيادتها واستقلالها بعيدًا عن التناحر والصراع.

- نجحت أسرة آل ثاني في تعزيز الاستقلالية والسيادة في قطر من خلال مواقف سياسية وعلاقة مع قوى الجوار والقوى الدولية الخارجية المتمركزة في المنطقة، وجعلت موضوع السيادة والاستقلالية هو أحد السمات الرئيسة لهوية قطر منذ نشأة الإمارة.

المصادر والمراجع

أولًا: المصادر

- ابن منظور، لسان العرب، طبعة جديدة منقحة، دار المعارف، القاهرة، د.ت.

- أحمد بن يحيى بن جابر البلاذري ت 279هـ، فتوح البلدان، حققه وشرحه وعلق على حواشيه وأعد فهارسه وقدم له عبد الله أنيس الطباع، المعارف، بيروت، لبنان 1987.

- حاجي خليفة، مصطفى بن عبد الله قسطنطيني الرومي الحنفي الشهير بملاً كاتب الحلبي، ت1017هـ/ 1767م، كشف الظنون عن أسامي الكتب والفنون، دار الفكر، 1982، م 2.

- حسين بن غنام، تاريخ نجد، حققه ناصر الدين الأسد، ط2، دار الشروق، بيروت،1985.

- عثمان بن بشر، عنوان المجد في تاريخ نجد، حققه وعلق عليه عبد الرحمن بن عبد اللطيف آل الشيخ، ط4، ج2، مطبوعات دارة الملك عبد العزيز، الرياض، 1982.

- لجنة كتابة تاريخ قطر، وثائق التاريخ القطري، الشؤون القطرية من سنة 1873-1904، جي. آي. سالدانا، تعريب أحمد العناني، إشراف ناصر محمد العثماني.

- ج.ج. لوريمر، دليل الخليج، القسم التاريخي، طبعة جديدة معدلة ومنقحة أعدها قسم الترجمة بمكتب صاحب السمو أمير دولة قطر.

- محمد بن عمر الفاخري، الأخبار النجدية، دراسة وتحقيق وتعليق عبد الله بن يوسف الشبل، جامعة الإمام بن سعود الإسلامية، د.ت.
- مصطفى مراد الدباغ، قطر ماضيها وحاضرها، ط1، منشورات دار الطليعة للطباعة والنشر، بيروت 1961.
- وليام جيفورد بالجريف، وسط الجزيرة العربية وشرقها (المجلد الثاني) ترجمة صبري محمد حسن، المركز القومي للترجمة، القاهرة، 2001.
- ياقوت بن عبد الله الحموي، معجم البلدان، دار صادر، بيروت، 1977.

ثانيًا: المراجع

- إبراهيم الديب، بناء مفهوم الهوية وأدوارها الوظيفية في صناعة هوية الدولة الحديثة، هويتي لدراسات القيم والهوية.
- إبراهيم شهداد، جاسم الكبير وسياساته في فرض الشخصية الاستقلالية لإمارة قطر، دراسة تحليلية، أبحاث الندوة التاريخية المصاحبة لاحتفالات اليوم الوطني لدولة قطر.
- إبراهيم محمد سليمان، «العلاقات الخارجية لأسرة آل ثاني في مرحلة تأسيس دولة قطر 1868-1949»، مجلة آداب الفراهيدي، عدد 26، كلية الآداب، تكريت 2016.
- أحمد زكريا الشلق وآخرون، تطور قطر الحديث والمعاصر، فصول من التطور السياسي والاجتماعي والاقتصادي، مطابع رينود الحديثة الدوحة، قطر، ط7، 2016.
- أحمد العناني، المعالم الأساسية لتاريخ الخليج، وبحوث أخرى، مؤسسة الشروق، دولة قطر، ط1، 1984.
- أحمد مصطفى أبو حاكمة، تاريخ الكويت الحديث 1163-1385هـ/ 1750-1965م، ط1، ذات السلاسل، الكويت، 1984.

- بدر الدين الخصوصي، دراسات في تاريخ الخليج العربي الحديث والمعاصر، منشورات ذات السلاسل، ط1، الكويت، الجزء الأول عام 1978.
- بدر الدين الخصوصي، دراسات في تاريخ الخليج العربي الحديث والمعاصر، منشورات ذات السلاسل، ط2، الكويت، الجزء الأول عام 1984.
- ب.ج. سلوت، عرب الخليج في ضوء مصادر شركة الهند الشرقية الهولندية 1602-1784، ترجمة عايدة خوري، مراجعة محمد مرسي عبد الله، إصدارات المجمع الثقافي، أبو ظبي، ط1، 1993.
- جان جاك بيربي، جزيرة العرب، تعريب نجدة هاجر، سعيد الغر، منشورات المكتب التجاري للطباعة والتوزيع والنشر، بيروت، ط1، حزيران 1960.
- رأفت غنيمي الشيخ، إمارة قطر قبيل الحرب العالمية الأولى، المجلة التاريخية المصرية، الجمعية التاريخية المصرية، مصر، 1981.
- زكريا قورشون، قطر في العهد العثماني 1871 - 1916 دراسة وثائقية، ترجمه من التركية حازم سعيد، الدار العربية للموسوعات، ط1، 2008.
- سيف المريخي، الحياة الاقتصادية في قطر منذ ظهور الإسلام حتى القرن الرابع الهجري، مجلة مركز الوثائق والدراسات الإنسانية، العدد الثامن، جامعة قطر. الدوحة 1996.
- ضياء الدين زاهر، اللغة ومستقبل الهوية: التعليم نموذجًا، سلسلة أوراق العدد 24، مكتبة الإسكندرية، وحدة الدراسات المستقبلية، 2017.
- طاهر خلف البكاء، التطورات السياسية الداخلية في قطر خلال العقد الأول من استقلالها 1971-1981، مجلة دراسات وبحوث الوطن العربي، الجامعة المستنصرية، العددان 8 و9.
- عبد الرحمن بن محمد ابن خلدون: مقدمة ابن خلدون، دار الجيل بيروت، د.ت.، ص10.

- عبد العزيز عبد الغني إبراهيم، قطر الحديثة، قراءة في وثائق سنوات نشأة إمارة آل ثاني 1840 – 1916، ط1، دار الساقي، بيروت، 2013.

- عبد العزيز المنصور، التطور السياسي لقطر، ط1،الكويت، ذات السلاسل للطباعة، 9197.

- عبد القادر القحطاني، دراسات في تاريخ الخليج العربي الحديث والمعاصر، ط1، المجلس الوطني للثقافة والفنون والتراث، مطابع رينود الحديثة، الدوحة، 2008.

- فرانز روزنثال، علم التأريخ عند المسلمين، ترجمة الدكتور صالح أحمد العلي، ط2، مؤسسة الرسالة بيروت، 1403هـ/ 1983م.

- السخاوي، محمد بن عبد الرحمن (831-902هـ/ 1427- 1497م الإعلان بالتوبيخ لمن ذم أهل التاريخ، دراسة وتحليل فرانز روزنثال، ترجمة الدكتور صالح أحمد العلي.

- قرفي فضيلة، الهوية عند تشارلز تايلور، رسالة ماجستير فلسفة علوم اجتماعية، كلية العلوم الإنسانية والاجتماعية، جامعة 08 ماي 1945 قالمة، الجمهورية الجزائرية الديمقراطية الشعبية، السنة الجامعية 2016-2017، غير منشورة.

- مجموعة من المؤلفين، الشيخ عبد الله بن جاسم آل ثاني، قصة قائد، مطبوعات متحف قطر الوطني، قطر، 2013.

- محمد أحمد عبد الله وبشير زين العابدين، تاريخ البحرين الحديث 1500-2002، ط1، مركز الدراسات التاريخية، جامعة البحرين، 2009.

- محمد سعيد المسلم، ساحل الذهب الأسود، دراسة تاريخية إنسانية لمنطقة الخليج العربي، ط2، منشورات دار مكتبة الحياة، بيروت، د.ت.

- محمد عاصي سلمان، العلاقات القطرية - البريطانية 1868-1916 دراسة تاريخية في العلاقات السياسية، رسالة ماجستير، مركز دراسات الخليج العربي، جامعة البصرة، أيلول 1989.
- محمد مرسي عبد الله، رسالتان في تاريخ الجزيرة العربية، مجلة الدارة. س 3، ع 3 شوال 1397، سبتمبر 1977.
- مفيد الزيدي، تاريخ قطر المعاصر، 1913-2008، دار المناهج للنشر والتوزيع، الأردن، 2010.
- موزة الجابر، أطروحة ماجستير، الحياة الاجتماعية والاقتصادية في قطر من عام 1900-1930، جامعة عين شمس، القاهرة، 1986.
- منشورات مركز حسن بن محمد للدراسات التاريخية، مختارات من وثائق حكومة بومباي، ترجمة عبد العزيز عبد الغني إبراهيم، منشورات مركز حسن بن محمد للدراسات التاريخية ط1، الدوحة، 2017.
- يوسف العبد الله، العلاقات القطرية البريطانية، مطابع الدوحة الحديثة المحدودة، 1999.

ثالثًا: المواقع الإلكترونية

- أحمد عصيد، الهوية والتاريخ والسياسة، متابعات، موقع ناظور سيتي، الرابط الإلكتروني: https://tinyurl.com/yxp6gdyb
- جاسم سلطان، محاضرة الهوية الوطنية القطرية إلهام وملهم للإنتاج الفكري والأدبي، الموقع الرسمي لوزارة الثقافة القطرية، 23/ أبريل/ 2020، الرابط الإلكتروني: https://www.mcs.gov.qa
- المركز العربية للأبحاث ودراسة السياسات، اللغة والهوية في الوطن العربي، إشكاليات تاريخية وثقافية وسياسية، الرابط الإلكتروني للمعلومات: https://tinyurl.com/y6qtyhxp

- مركز الجزيرة للدراسات، الهوية والانتماء ودورهما في صمود قطر.
- الموسوعة الجزائرية للدراسات السياسية والاستراتيجية، مفاهيم سياسية، تطور مفهوم الهوية (الجزء الأول)، الرابط الإلكتروني:

https://tinyurl.com/y3q6k3pl

- ثائر رحيم كاظم، العولمة والمواطنة والهوية (بحث في تأثير العولمة على الانتماء الوطني والمحلي في المجتمعات)، مجلة القادسية في الآداب والعلوم التربوية، العدد (1) المجلد (8) 2009.
- سهام عبد الرزاق، مصطلح التاريخ بين المفهوم الشائع والطرح القرآني، الموقع الإلكتروني:

http://www.chihab.net/modules.php?name=News&file=article&sid=1587

- عماد الدين خليل: 2010، قصة الإسلام، الموقع الإلكتروني:

https://tinyurl.com/y684e98n

- محمود الربيعي، 2012، دور التأريخ وتأثيره في الثقافة، الرابط الإلكتروني: http://www.balagh.com/pages/tex.php?tid=1501، (تاريخ النشر: 2012/5/2).